Dr. Oetker • Sparrezepte

DR. OETKER

SPARREZEPTE

MOEWIG

Die Rezepte sind – wenn nicht anders angegeben – für vier Personen berechnet.

VPM Verlagsunion Pabel Moewig KG, Rastatt

Fotos: Ceres Verlag
Printed in France 1998
ISBN 3-8118-1464-8

Inhalt

Radieschensuppe mit Frischkäse

(Foto S. 6/7)

3 Schalotten	abziehen, fein hacken, in
2 EL Butter	weichdünsten
2–3 Bund Radieschen (je nach Größe)	mit den Blättern gründlich waschen, einige besonders schöne Blätter beiseite legen, die restlichen mit den Radieschen und
200 g Frischkäse	
250 ml (1/4 l) Schlagsahne	im Mixer pürieren, das Püree mit
500 ml (1/2 l) Gemüsebrühe	
1 TL Salz	
1 Prise Chilipulver	
1/2 TL weißer Pfeffer	
Saft 1/2 Zitrone	in einen Topf füllen, 20 Minuten garkochen lassen, mit
1 TL Worcestersauce	abschmecken, die restlichen Radieschenblätter in schmale Streifen schneiden, vor dem Servieren in die Suppe streuen
Garzeit:	Etwa 20 Minuten.

Feine Maissuppe

3 großen Maiskolben (etwa 1 kg)	die Blätter mit den Fäden abziehen oder abschneiden, die Maiskolben waschen, in
kochendes Salzwasser	geben, zum Kochen bringen, etwa 10 Minuten kochen, abtropfen lassen, die Maiskörner von den Kolben lösen,
etwa 500 g Maiskörner	abwiegen, 150 g Maiskörner beiseite stellen, die restlichen pürieren, durch ein Sieb streichen
750 ml (3/4 l) Hühnerbrühe	hinzugießen, zum Kochen bringen
3 TL Speisestärke	mit
2 EL kaltem Wasser	anrühren, die Maissuppe damit binden, die zurückgelassenen Maiskörner hinzufügen, miterhitzen, die Suppe mit
Salz	
frisch gemahlenem Pfeffer	
Zwiebelsalz	mit
125 ml (1/8 l) Schlagsahne	verschlagen, die Suppe damit abziehen, mit

1 EL feingeschnittenem Schnittlauch	bestreuen.
Kochzeit:	Etwa 15 Minuten.
Beigabe:	Bauernbrot oder Weißbrot.

Maistopf mit Paprika

2 Dosen Zuckermais (340 g)	
2 Dosen Thunfisch (je 185 g)	
500 ml (½ l) Gemüsebrühe	
3 EL Zitronensaft	
125 ml (⅛ l) trockenen Weißwein	die fünf Zutaten in einen Topf geben, erwärmen
1 Knoblauchzehe	
1 Zwiebel	beide Zutaten abziehen, sehr fein würfeln
2 rote Paprikaschoten	halbieren, entstielen, entkernen, Scheidewände entfernen, die Schoten waschen und in feine Streifen hobeln oder schneiden.
30 g Butter	in einer Pfanne erhitzen, Knoblauchzehe, Zwiebel und Paprikaschote etwa 3 Minuten andünsten
Paprikapulver	hinzugeben, das Gemüse unter die Suppe ziehen, mit
grünem Pfeffer	würzen, heiß servieren.

Provenzalische Erbsensuppe

1 Knoblauchzehe	abziehen, durch die Knoblauchpresse drücken
1 EL Olivenöl	erhitzen, den Knoblauch darin andünsten lassen
450 g tiefgekühlten Rahmporree	hinzugeben
500 g Tomaten (aus der Dose)	mit der Flüssigkeit hinzugeben, die Tomaten mit einer Gabel zerdrücken, mit
Salz	
Pfeffer	
gerebeltem Rosmarin	
1 Prise Zucker	
Cayennepfeffer	kräftig würzen, den Eintopf im geschlossenen Topf unter gelegentlichem Rühren etwa 15 Minuten kochen lassen

300 g TK-Erbsen	hinzufügen, weitere 5 Minuten kochen lassen, nach Belieben
125 ml (1/8 l) Fleischbrühe	hinzugießen
1 l Salzwasser	mit
1–2 EL Essig	zum Kochen bringen, nacheinander
3–4 Eier	hineinschlagen, etwa 5 Minuten pochieren, die Eier mit einer Schaumkelle herausnehmen, gut abtropfen lassen
3–4 Scheiben Toastbrot	von beiden Seiten toasten, in jeden Teller 1 Scheibe Brot geben, ein Ei darauflegen, mit der Suppe übergießen.

Borschtsch

(Foto)

1 kg Rote Bete	waschen, schälen, in Würfel schneiden, mit
Salz	bestreuen, einige Zeit stehenlassen
2 l Wasser	zum Kochen bringen
500 g Rindfleisch	waschen, mit
250 g durchwachsenen Speck	in das kochende Wasser geben, zum Kochen bringen, etwa 1 Stunde kochen lassen
100 g Zwiebeln	abziehen
250 g Kartoffeln	schälen, waschen
250 g Sellerieknolle	putzen, schälen, waschen, die drei Zutaten in kleine Würfel schneiden
250 g Wirsing	putzen, waschen, in kleine Stücke schneiden
1 Stange Porree (Lauch)	putzen, halbieren, gründlich waschen, in Streifen schneiden, evtl. nochmals waschen, nach 1 Stunde Kochzeit das Fleisch aus der Brühe nehmen, in kleine Würfel schneiden, mit den übrigen Zutaten wieder in die Brühe geben, noch etwa 45 Minuten kochen lassen, die Suppe mit
Salz	
Pfeffer	
Speisewürze	
2–3 EL Essig	
Worcestersauce	abschmecken
1 Becher (150 g) saure Sahne	verrühren, auf die Suppe geben, nach Belieben mit
gehackter Petersilie	bestreuen.

Französische Zwiebelsuppe
(6 Portionen)
(Foto)

500 g Zwiebeln	abziehen, halbieren, in dünne Scheiben schneiden
50 g Butter oder Margarine	im offenen Schnellkochtopf zerlassen, die Zwiebelscheiben darin andünsten
1 l Fleischbrühe	hinzugießen, den Schnellkochtopf schließen, kochen lassen
125 ml (1/8 l) Weißwein	in die Suppe geben, mit
Salz geschrotetem weißem Pfeffer	abschmecken
2 Scheiben Weißbrot	toasten, in sehr kleine Würfel schneiden
30 g Butter	zerlassen, die Weißbrotwürfel darin goldgelb rösten, die Zwiebelsuppe in 6 Tassen füllen, die Weißbrotwürfel darauf verteilen
50 g Parmesan-Käse	darüber geben, im vorgeheizten Grill überbacken, sofort servieren.

Kochzeit: Etwa 4 Minuten.
Beilage: Kleine Brötchen.

Tip: Für schnelle Suppen, z. B. Gemüse-Suppen lohnt es sich immer, Knochenbrühen auf Vorrat zu kochen und sie zu 750 ml (3/4 l) abgefüllt einzufrieren.

Gratinierte Lauchsuppe
(Foto)

375 g Porree (Lauch, vorbereitet gewogen)	gründlich waschen, in Ringe schneiden (evtl. nochmals waschen)
3–4 EL Speiseöl	erhitzen, das Gemüse darin andünsten
1 l Wasser	hinzugießen
3 gestrichene EL Klare Fleischsuppe Instant	unterrühren, zum Kochen bringen, gar kochen lassen
1–2 EL Speisestärke	mit
1 Eigelb	
4 EL kalter Milch	anrühren, die Suppe damit binden
1 Eiweiß	steif schlagen, darunter
50 g geriebenen Käse, z.B. Emmentaler	heben, die Suppe auf vorgewärmte Suppentassen oder -teller verteilen, auf jede Portion etwas von der Eischnee-Käse-Masse geben, im vorgeheizten Grill kurz überbacken.
Garzeit:	15–20 Minuten.

Erbsencremesuppe mit Austernpilzstreifen

2 Schalotten	abziehen, fein würfeln
2 EL Butter	in einem Topf erhitzen, Schalotten darin dünsten
500 g TK-Erbsen	hinzufügen
1 in Würfel geschnittene Kartoffel	mit
1 l Hühnerbrühe	hinzufügen etwa 25 Minuten bei schwacher Hitze kochen, im Mixer oder mit dem Pürierstab des Handrührgerätes zerkleinern, mit
Salz, Selleriesalz	
weißem Pfeffer	würzen
250 g Austernpilze	putzen, evt. den Strunk abschneiden, mit Küchenpapier abreiben, die Pilze in Streifen schneiden.
2 EL Butterschmalz	erhitzen, die Austernpilzstreifen darin anbraten
3 Knoblauchzehen	abziehen, durch die Knoblauchpresse pressen, zu den Austernpilzen geben, die Suppe nochmals aufkochen und mit
Zitronensaft	
Worchestersauce	abschmecken, die Austernpilze hinzufügen
3 Zweige frische Minze	unter fließendem kaltem Wasser abspülen, trockentupfen, von den Stengeln zupfen, die Suppe damit verzieren.

Gratinée

Florentiner Spinatsuppe
(Foto)

1 EL Butter	in einer Pfanne zerlassen
1 Ei	vorsichtig aufschlagen, von beiden Seiten braten, abkühlen lassen, in Streifen schneiden, beiseite stellen
75 g Spinat	sorgfältig verlesen und waschen, in
wenig kochendes Wasser	geben, kurz aufkochen, abtropfen lassen, fein hacken
1 Zwiebel	abziehen, fein würfeln
1 EL Butter	zerlassen, die Zwiebelwürfel glasig dünsten lassen
15 g Weizenmehl	darüberstäuben
500 ml (½ l) Fleischbrühe	hinzugießen, mit einem Schneebesen durchschlagen, darauf achten, daß keine Klumpen entstehen, unter Rühren zum Kochen bringen, etwa 10 Minuten kochen lassen, den Spinat hinzufügen, miterhitzen, mit
Salz	
Pfeffer	
geriebener Muskatnuß	würzen, die Eistreifen,
2 EL Crème fraîche	vorsichtig unterrühren.

Grüne Bohnen-Eintopf mit Tomaten
(Für 2 Personen)

200 g Hammelfleisch	waschen, abtrocknen, in kleine Würfel schneiden
150 g Tomaten	kurze Zeit in kochendes Wasser legen, in kaltem Wasser abschrecken, enthäuten, in Stücke schneiden
500 g grüne Bohnen	abfädeln, waschen, in kleine Stücke brechen oder schneiden
300 g Kartoffeln	schälen, waschen, in Würfel schneiden
40 g Butter	erhitzen, das Fleisch unter Wenden schwach darin bräunen
1 mittelgroße Zwiebel	abziehen, würfeln, kurz bevor das Fleisch genügend gebräunt ist, Zwiebeln, Tomaten hinzufügen, kurz miterhitzen, das Fleisch mit
Salz	
frisch gemahlenem Pfeffer	würzen, Bohnen, Kartoffeln,
250 ml (¼ l) Wasser	hinzufügen, gar schmoren lassen, das Gericht mit Salz abschmecken.

Schmorzeit: etwa 1 ¼ Stunden.

Schlesische Kartoffelsuppe
(Foto)

1 Zwiebel	abziehen, würfeln
75 g durchwachsenen Speck	in Würfel schneiden
2–3 EL Speiseöl	erhitzen, Zwiebel und Speck darin andünsten
½ Sellerieknolle	schälen, waschen, in Würfel schneiden
1 Stange Porree	gründlich waschen, in Scheiben schneiden (evtl. nochmals waschen)
500 g Kartofffeln	schälen, waschen, in Würfel schneiden, das Gemüse zu der Speck-Zwiebel-Masse geben, mitdünsten lassen
1 l Wasser	hinzugießen
3 gestrichene EL Klare Instant-Fleischbrühe	unterrühren, zum Kochen bringen, gar kochen lassen
2 Paar Knoblauchwürste **2–3 Gewürzgurken**	die beiden Zutaten in Scheiben schneiden, kurz vor Beendigung der Garzeit in die Suppe geben, miterhitzen.
Garzeit:	etwa 35 Minuten.

Birnen, Bohnen und Speck

1 l Wasser	zum Kochen bringen
500 g durchwachsenen Speck	hinzufügen, bei mittlerer Hitze etwa 30 Minuten köcheln lassen, die verdampfte Flüssigkeit entsprechend ersetzen
1 kg grüne Bohnen	abfädeln, waschen, in etwa 4 cm lange Stücke brechen, zum Speck geben
1 Bund Bohnenkraut	unter fließendem kaltem Wasser abspülen, dazugeben, mit
Salz	würzen
4 Kochbirnen	waschen, vierteln, das Kerngehäuse herausschneiden, die Birnen zu den Bohnen geben und 25–30 Minuten garen, den Speck, die Birnen und das Bohnenkraut aus der Brühe nehmen
1 gestr. EL Speisestärke	mit kaltem Wasser anrühren, die Brühe damit binden Speck in Scheiben schneiden, Birnen und Bohnen in einer vorgewärmten Schüssel anrichten, die Brühe mit
Pfeffer	abschmecken, in die Schüssel geben, mit Petersilie verzieren.

Suppentopf
(Foto)

250 g Schweinefleisch	waschen, abtrocknen, in Streifen schneiden
etwa 3 EL Speiseöl	erhitzen, das Fleisch darin bräunen lassen
1 Zwiebel	
1 Knoblauchzehe	die beiden Zutaten abziehen, fein würfeln, zu dem Fleisch geben, mitdünsten lassen
1 ¼ l Fleischbrühe	hinzugießen, zum Kochen bringen
etwa 750 g Kartoffeln	schälen, waschen, in kleine Würfel schneiden, mit
450 g (1 Packung) TK-Suppengemüse	unaufgetaut in die Brühe geben, zum Kochen bringen, in etwa 20 Minuten gar kochen lassen
5 Tomaten	kurze Zeit in kochendes Wasser geben, in kaltem Wasser abschrecken, enthäuten, die Tomaten in Stücke schneiden, kurz vor Beendigung der Kochzeit in die Suppe geben, mit
Salz	
Pfeffer	
gerebeltem Thymian	
gerebeltem Basilikum	abschmecken.
Garzeit:	etwa 30 Minuten.

Avocado-Cremesuppe Haifa

30 g Butter	zerlassen
40 g Weizenmehl	unter Rühren so lange darin erhitzen, bis es hellgelb ist
750 ml (¾ l) Rinderbrühe	hinzugießen, mit einem Schneebesen durchschlagen, drauf achten, daß keine Klumpen entstehen, zum Kochen bringen, etwa 3 Minuten kochen lassen
1 reife Avocado (etwa 300 g)	halbieren, entkernen, das Fruchtfleisch aus den Schalen lösen, durch ein Sieb streichen oder pürieren, die Masse zu der Suppe geben (nicht mehr kochen lassen), mit
Salz	
Pfeffer	abschmecken
125 ml (⅛ l) Sekt	hinzugießen, die Suppe sofort auf 4 Suppentassen verteilen
100 ml Schlagsahne	halb steif schlagen, auf die Suppe verteilen, mit
feingehackten Dillspitzen	bestreuen.
Kochzeit:	etwa 5 Minuten.

Kartoffelomelett
(2 Portionen)
(Foto S. 22/23)

500 g Kartoffeln	waschen, in Wasser zum Kochen bringen, garkochen lassen, abgießen, pellen, erkalten lassen, in Scheiben schneiden
2 kleine Zwiebeln	abziehen, würfeln
75 g durchwachsenen Speck	in Würfel schneiden, auslassen, Kartoffeln, Zwiebeln hineingeben, mit
Salz	bestreuen, braun braten
4 EL Milch	mit
4 Eiern	verschlagen
1 EL gehackte Petersilie oder feingeschnittenen Schnittlauch	hinzufügen, die Eiermilch über die Kartoffeln gießen, stocken lassen, ohne die Kartoffeln zu wenden, wenn die obere Seite des Omeletts fest geworden und die untere gebräunt ist, das Omelett auf eine vorgewärmte Platte gleiten lassen.
Tip:	Dazu Kopfsalat, eingelegten Kürbis oder Senfgurken servieren.

Pfannkuchen „Welcome Morning“

150 g kalifornische Rosinen	in
knapp 100 ml Kirschsaft	über Nacht einweichen
200 g Buchweizenmehl	mit
375 ml (3/8 l) Milch	
4 Eiern	verquirlen, mit
Meersalz	würzen, den Pfannkuchenteig 10 Minuten quellen lassen, dann die Rosinen untermischen, in einer kleinen Pfanne (16 cm Durchmesser) jeweils etwas von
125 g Butter	erhitzen, pro Pfannkuchen 1 kleine Kelle voll Teig hineingeben, auf beiden Seiten leicht braun braten, auf einen Teller geben, heiß mit etwas Butter bestreichen, evtl. mit braunem Zucker bestreuen, mit Früchten der Saison belegen, sofort servieren.
Tip:	Das Buchweizenmehl läßt sich auch durch Weizenvollkornmehl ersetzen.

Pikant gefüllte Omeletts

(etwa 2 Portionen)

8 Eier	mit
4 EL Kondensmilch	
Salz	
gemahlener Muskatnuß	vermengen
4 TL Butter	in einer kleinen Pfanne zerlassen, 4 dünne Omeletts darin ausbacken.
	Für die Füllung
100 g abgetropfte	
feine Erbsen	mit
50 g frischen Krabben	mischen, die Hälfte in die Mitte eines Omeletts geben, zusammenrollen, zweimal quer durchschneiden, die Omelettestücke hochkant stellen, dabei darauf achten, daß die Füllung nicht herausfällt, mit dem zweiten Omelett ebenso verfahren
200 g Champignons	
(aus dem Glas)	in feine Scheiben schneiden, mit Zitronensaft beträufeln, in der restlichen erhitzten Butter unter Rühren dünsten, zu gleichen Teilen auf die restlichen Omeletts verteilen, ebenfalls zweimal quer durchschneiden und die Stücke hochkant stellen.
	Für die Sauce
20 g Butter	erhitzen
20 g Mehl	unter Rühren hinzufügen, rühren, bis es hellgelb ist, mit
125 ml (⅛ l) Brühe	und
3 EL Weißwein	ablöschen, mit
Zucker	
Salz	
4 EL Kondensmilch	abschmecken, mit
je 1 EL gehacktem Dill	und
Schnittlauch	bestreut zu den Omeletts servieren.

Omelett auf französische Art

(Foto)

	Für die Füllung
1 Stange Lauch (Porree)	putzen, längs halbieren, waschen, in dünne Scheiben schneiden
1 EL Butter oder Margarine	erhitzen, die Porreescheiben darin andünsten
500 g Erbsen	hinzufügen, mit
Salz, Pfeffer	würzen
125 ml (⅛ l) Gemüsebrühe	hinzugießen, das Gemüse etwa 6-8 Minuten dünsten lassen, von
½ Kopf Salat z.B. Eisbergsalat	die welken Blätter entfernen, die anderen vom Strunk lösen, die großen Blätter teilen, die Herzblätter ganz lassen, den Salat gründlich waschen (nicht drücken), abtropfen lassen, in Streifen schneiden
4 Scheiben gekochten Schinken	in Streifen schneiden, mit den Salatzutaten zu dem Gemüse geben, etwa 2 Minuten mitdünsten lassen
1 EL saure Sahne 1 EL gehackte Kräuter (Petersilie, Schnittlauch, Dill) oder 1 TL Kräuter der Provence	unterrühren
1 TL weiche Butter	mit
1 TL Weizenmehl	verrühren, das Gemüse damit binden, evtl. nochmals mit Salz, Pfeffer abschmecken, warm stellen.
	Für die Omeletts
8 Eigelb	mit
6 EL Milch, Salz	verschlagen
80 g Weizenmehl	darauf sieben, unterrühren,
8 Eiweiß	steif schlagen, auf die Eigelbmasse geben, unterheben ¼ von
40–60 g Butterschmalz	in einer Stielpfanne erhitzen, ¼ des Teiges hineingeben (Pfanne mit Deckel verschließen), die Masse langsam stocken lassen, die untere Seite des Omeletts muß bräunlich gebacken sein, die obere Seite muß weich bleiben, das Omelette auf eine vorgewärmte Platte gleiten lassen, warm stellen, die übrigen 3 Omeletts auf die gleiche Weise zubereiten die Füllung auf die fertigen Omeletts geben, zusammenklappen die Omeletts sofort servieren.

Minicrêpes mit Himbeercreme

	Für die Crêpes
2 Eier	mit
250 ml (¼ l) Milch	
Salz	verschlagen
125 g Weizenmehl	in eine Rührschüssel sieben, mit der Milch-Eiermischung mit einem Schneebesen zu einem glatten Teig verrühren, nach und nach
2 EL zerlassene Butter	unterrühren, den Teig zugedeckt etwa 15 Minuten quellen lassen
Butterschmalz	in einer kleinen Stielpfanne (Durchmesser etwa 18 cm) zerlassen und nacheinander acht dünne Crêpes darin ausbacken, warm stellen.
	Für die Himbeercreme
1 Becher (150 g) Crème fraîche	mit
250 g Sahnequark	
2 Eigelb	
2 EL Orangenlikör	gut verrühren
2 Eiweiß	mit
4 EL Zucker	steif schlagen, unterheben
300 g Himbeeren	verlesen, vorsichtig unter die Quarkcreme heben, die Crêpes mit der Himbeercreme füllen, zusammenrollen und mit
Puderzucker	bestäubt servieren.

Rosinenaufstrich „Yellow Cup“
(4 Portionen)

3 Eier	hart kochen, abschrecken, pellen, halbieren, das Eigelb herauslösen, beides mit einer Gabel grob hacken
200 g weiche Butter	mit dem Schneebesen des Handrührgerätes schaumig rühren, nach und nach das Eigelb sowie das Eiweiß hinzufügen.
100 g Schinken, gekocht (ohne Fettrand)	fein würfeln, mit
100 g Rosinen	unter die cremige Butter heben, mit reichlich
Curry, Salz	abschmecken.

Eierspeisen

Pfannkuchenauflauf
(Für 2 Personen)

	Für die Füllung
1 Zwiebel	abziehen, würfeln
1 EL Butter oder Margarine	zerlassen, die Zwiebelwürfel darin andünsten
1 Zucchini (etwa 250 g)	waschen, evtl. schälen, in Scheiben schneiden, zu den Zwiebeln geben, mitdünsten lassen
340 g Maiskörner (aus der Dose)	abtropfen lassen, hinzufügen
400 g Tomaten (aus der Dose)	mit der Gemüseflüssigkeit hinzufügen
2 TL Tomatenmark	unterrühren, das Gemüse zum Kochen bringen
2 EL Speisestärke	mit
1 EL kaltem Wasser	anrühren, das Gemüse damit binden, mit
Salz	
frisch gemahlenem Pfeffer	abschmecken.
	Für den Teig
125 g Weizenmehl	mit
250 ml (¼ l) Milch	
Salz	verrühren, etwa 10 Minuten zum Quellen stehenlassen,
150 g gekochten Schinken	in Streifen schneiden mit
2 Eiern	unter den Teig rühren, gut verrühren, Butter in einer Stielpfanne erhitzen, eine dünne Teiglage hineingeben, von beiden Seiten goldgelb backen, warm stellen, aus dem restlichen Teig vier weitere Pfannkuchen backen eine hohe, runde Auflaufform mit Butter einfetten, einen Pfannkuchen hineingeben, einen Teil der Gemüsefüllung darauf verteilen, mit einem Pfannkuchen bedecken, Gemüse und Pfannkuchen weiter abwechselnd einschichten, die letzte Schicht sollte aus einem Pfannkuchen bestehen
2 Ecken Schmelzkäse	mit
4 EL Wasser	erhitzen, gut verrühren, bis der Käse geschmolzen ist, über den Auflauf gießen die Form auf dem Rost in den Backofen schieben.
Ober/Unterhitze:	etwa 200 °C (vorgeheizt)
Heißluft:	etwa 180 °C (nicht vorgeheizt)
Gas:	etwa Stufe 3 (vorgeheizt)
Backzeit:	etwa 20 Minuten.
	Die Portionen wie Tortenstücke schneiden.

Matjesfilets nach Hausfrauen-Art
(Foto S. 30/31)

6 Matjesfilets	eventuell wässern, trockentupfen, entgräten, in etwa 2 cm große Stücke schneiden.
	Für die Sahnesauce
2 kleine Zwiebeln	abziehen
2 Äpfel	vierteln, entkernen und schälen
2 Gewürzgurken	alle Zutaten in Ringe bzw. Scheiben schneiden
1 Becher (150 g) Joghurt	
1 Becher (200 ml)	
Schlagsahne	verrühren, schwach mit
Salz	abschmecken
Zwiebel- und	
Gurkenscheiben	hinzufügen, die
Matjesfilets	in die Sauce legen, etwa 24 Stunden darin ziehen lassen.
Beilage:	Pell-, Salz- oder Bratkartoffeln.
Tip:	Der Wohlgeschmack der Sauce erhöht sich noch, wenn ihr 1 Eßlöffel frischer Dill beigegeben wird.

Fischstäbchensalat „Geestemünde“

100 g Brühreis (Langkorn)	in
1 l kochendes Salzwasser	geben, zum Kochen bringen, in etwa 20 Minuten ausquellen lassen, auf ein Sieb geben, mit kaltem Wasser abspülen, abtropfen lassen
100 g TK-Erbsen	nach Packungsanleitung gar kochen, abtropfen lassen
2–3 EL Butter oder Margarine	erhitzen
15 Stück (1 Packung) Fischstäbchen	unaufgetaut hineingeben, etwa 10 Minuten braten, erkalten lassen, jeweils in 2–3 Stücke schneiden
1 rote Paprikaschote	halbieren, entstielen, entkernen, die weißen Scheidewände entfernen, die Schote waschen, in Würfel schneiden
1 mittelgroße Zwiebel	abziehen, in Ringe schneiden.
	Für die Salatsauce
3–4 EL Salatöl	mit
2 EL Essig	
1 TL Senf	
Salz	
Zucker	
frisch gemahlenem Pfeffer	
2 EL TK-Kräutern	verrühren, Reis, Erbsen, Paprikastücke und Zwiebelringe mit der Sauce vermengen die Fischstücke vorsichtig unterheben, evtl. nochmals mit Salz, Pfeffer abschmecken.
Beilage:	Frisches Stangenweißbrot.

Herings-Quark-Topf

(Foto)

6 Matjesfilets	evtl. einige Zeit wässern, trockentupfen, Gräten entfernen, Matjes in mundgerechte Stücke schneiden
2 Zwiebeln	abziehen, in Scheiben schneiden, in Ringe teilen
2 Äpfel	schälen, vierteln, entkernen, in kleine Scheiben schneiden
125 ml (⅛ l) Schlagsahne	steif schlagen
1 Packung (200 g) Speisequark (40 %)	verrühren, die steifgeschlagene Sahne unterheben, mit Matjesstückchen, Zwiebelringen und Apfelscheiben vorsichtig vermengen, mit
Salz Pfeffer Zitronensaft	würzen, einige Zeit kühl stellen, mit
Dill	garniert servieren.
Beilage:	Pellkartoffeln, Vollkornbrot und Butter

Petersilien-Fisch

4 Rotbarschfilets (je etwa 200 g)	unter fließendem kalten Wasser abspülen, trockentupfen,
2 Bund glatte Petersilie	abspülen, trockentupfen, fein hacken
3 Knoblauchzehen	abziehen, zerdrücken, beide Zutaten mit
abgeriebener Schale von 1 Zitrone (unbehandelt) 1 TL Kräutersalz 1 TL Zitronenpfeffer	vermengen, die Fischfilets nebeneinander in eine gefettete feuerfeste Form legen, mit der Petersilienmischung bestreichen
4 EL Butter	zerlassen, darüber träufeln, die Form auf dem Rost in den Backofen schieben.
Ober-/Unterhitze:	etwa 200 °C (vorgeheizt)
Heißluft:	etwa 180 °C (nicht vorgeheizt)
Gas:	etwa Stufe 3 (vorgeheizt)
Backzeit:	etwa 20 Minuten.

Schollenfilets auf Toastbrot

	Für die Mayonnaise
1 Eigelb	mit
2 EL Kräuter-Essig	
1 TL mittelscharfem Senf	
Salz	
Zucker	verrühren
125 ml (1/8 l) Salatöl	langsam unterrühren
1 EL feingeschnittenen Schnittlauch	
1 EL Tomaten-Ketchup	unterrühren
500 g Schollenfilet	unter fließendem kalten Wasser abspülen, trockentupfen, in 3 cm große Stücke schneiden, mit
Salz und Pfeffer	würzen, in
30 g Weizenmehl	wenden,
6 EL Speiseöl	erhitzen, 2-3 Minuten hellbraun backen, warm stellen
4 Scheiben Weißbrot (am besten Toastbrot)	toasten, die Schollenstücke auf den Toastscheiben anrichten, die Mayonnaise darüber verteilen.

Fischröllchen in Weinsauce

4 Schollenfilets (etwa 750 g)	evtl. unter fließendem kaltem Wasser abspülen, trockentupfen, mit
Zitronensaft	beträufeln, mit
Salz	
frisch gemahlenem Pfeffer	bestreuen, die
Schollenfilets	längs halbieren, so daß 8 Hälften entstehen, aufrollen, mit Holzstäbchen feststecken, in eine gefettete Auflaufform legen.
	Für die Weinsauce
30 g Butter	zerlassen
25 g Weizenmehl	unter Rühren so lange darin erhitzen, bis es hellgelb ist
250 ml (1/4 l) Weißwein	
125 ml (1/8 l) Schlagsahne	hinzugießen, mit einem Schneebesen durchschlagen, darauf achten, daß keine Klümpchen entstehen, die Sauce zum Kochen bringen, mit
Salz	
1 EL Zitronensaft	
Zucker	abschmecken, über die Fischröllchen gießen

100 g Shrimps	darauf verteilen
40 g Butter	in Flöckchen auf die Schollenröllchen verteilen, die Form auf dem Rost in den Backofen schieben.
Ober-/Unterhitze:	170–200 °C (vorgeheizt)
Heißluft:	150–170 °C (nicht vorgeheizt)
Gas:	Stufe 2–3 (vorgeheizt)
Backzeit:	15–20 Minuten.
Tip:	Anstatt Schollenfilet kann auch Seezungenfilet verwendet werden.

Seelachsrouladen in Tomatensauce

750 g Seelachsfilet	unter fließendem kaltem Wasser abspülen, trockentupfen, mit
Salz, Selleriesalz Paprika edelsüß,	bestreuen, in nicht zu kleine Streifen schneiden, mit
1 EL Senf	bestreichen, aufrollen, mit Holzstäbchen feststecken.
	Für die Tomatensauce
1 kleine Zwiebel	abziehen, fein würfeln
375 g Tomaten	waschen, Stengelansatz entfernen, Tomaten in Stücke schneiden
30 g Butter oder Margarine	zerlassen, Zwiebel und Tomaten darin andünsten, mit
30 g Weizenmehl	bestreuen, kurz miterhitzen
250 ml (¼ l) Wasser	hinzufügen, mit einem Schneebesen durchschlagen, darauf achten, daß keine Klumpen entstehen, die Sauce zum Kochen bringen, durch ein Sieb streichen, mit
Paprika 2 gehäuften EL Tomatenmark Zitronensaft Tabascosauce	abschmecken, zum Kochen bringen, den Fisch hineingeben, in 5–10 Minuten gar ziehen lassen.
Veränderung:	Je eine kleine Gewürzgurke in die Rouladen einwickeln, oder anstelle von Seelachsfilet Rotbarsch- oder Kabeljaufilet verwenden.

Forellen Müllerin
(Foto)

4 küchenfertige Forellen (je 200 g)	unter fließendem kalten Wasser abspülen, trockentupfen, mit
Salz und Pfeffer	würzen, in
40 g Weizenmehl	wenden
3 EL Speiseöl	erhitzen, die Fische von beiden Seiten etwa 8 Minuten darin braten,
50 g Butter	zu den Fischen geben, zerlassen, die Fische in dem Butterschaum wenden, auf einer vorgewärmten Platte anrichten, warm stellen, die Butter mit
2 EL Zitronensaft	und nach Belieben mit
1 EL Worcestersauce	verrühren, über die Forellen verteilen, nach Belieben mit
gehackter Petersilie	bestreuen, mit
Zitronenscheiben	garnieren.
Tip:	75 g abgezogene, gehobelte Mandeln mitbräunen lassen, über die Forellen geben.

Gambas in Knoblauchöl
(2 Portionen)

8 rohe Gambas (Hummerkrabben mit Schale)	die Schale am Rücken der Gambas längs aufschneiden, den Darm herauslösen, die Gambas unter fließendem kaltem Wasser abspülen, trockentupfen
4 Knoblauchzehen	
1 frische rote Chilischote	entstielen, längs halbieren, entkernen, waschen, abtrocknen, kleinschneiden
6 EL Olivenöl	in einer Pfanne erhitzen. Die Gambas zuerst auf der einen Seite anbraten (etwa 1 Minute), dann drehen und mit
Salz	
Pfeffer	bestreuen. Gewürfelte Knoblauchzehe, Chilischote und
1 EL Zitronensaft	hinzufügen und noch 1 Minute garen, mit
1 EL gehackter Petersilie	bestreut servieren.
Beigabe:	Baguette.

Zwiebel-Fisch
(Foto)

4 Rotbarschfilets (je 150–175 g)	unter fließendem kalten Wasser abspülen, trockentupfen,
600 g Gemüsezwiebeln	abziehen, vierteln, in Streifen schneiden
100 g durchwachsenen Speck	in Würfel schneiden
1 EL Butter	erhitzen, die Speckwürfel darin ausbraten, die Zwiebelstreifen hinzufügen, gut darin andünsten, mit
Salz Pfeffer Paprika edelsüß	würzen, im geschlossenen Topf etwa 10 Minuten dünsten lassen
1 Becher (150 g) Crème fraîche	unterrühren, mit
Salz Pfeffer Paprika	abschmecken, die Fischfilets trockentupfen, mit Salz, Pfeffer,
Paprika edelsüß	bestreuen, auf das Zwiebelgemüse legen, im geschlossenen Topf 7–8 Minuten dünsten lassen, die Fischfilets nach etwa der Hälfte der Garzeit wenden.

Matjes-Cocktail
(etwa 3 Portionen)

200 g Meerettich-Quark	mit
2 EL Preiselbeeren (aus dem Glas)	verrühren
1 roten Apfel	waschen, vierteln, entkernen
2 Gewürzgurken	beide Zutaten in Scheiben schneiden
4 Matjesfilets	in schmale Streifen schneiden, die drei Zutaten vorsichtig unter den Quark heben, vier Portionsschälchen oder Cocktailgläser mit
gewaschenen Salatblättern	auslegen, den Matjes-Cocktail darin anrichten, mit
Kresseblättchen	garnieren.

Gefüllte Makrele

(Foto)

4 kleine Makrelen	ausnehmen, unter fließendem kalten Wasser abspülen, trockentupfen, außen mit
Salz	
Pfeffer	bestreuen
2 Bund Petersilie	abspülen, trockentupfen, fein hacken
2 Knoblauchzehen	abziehen, fein hacken, mit der Petersilie, abgeriebener Schale von
1 Zitrone (unbehandelt)	
2 EL weicher Butter	gut vermengen, in die Makrelen füllen, die Fische in eine gefettete flache Gratinform legen
8 Salbeiblätter	abspülen, auf die Fische legen
125 ml (⅛ l) Weißwein	hinzugießen, die Form auf dem Rost in den Backofen schieben.

Ober-/Unterhitze:	etwa 200 °C (nicht vorgeheizt)
Heißluft:	etwa 180 °C (vorgeheizt)
Gas:	etwa Stufe 3 (vorgeheizt)
Backzeit:	etwa 20 Minuten.

Rotbarben mit Tomaten, gegrillt

4 kleine küchenfertige Rotbarben (Goldbrassen, je etwa 200 g)	unter fließendem kalten Wasser abspülen, trockentupfen, mit
Saft von 1 Zitrone	beträufeln, mit
Salz	
grob gemahlenem weißen Pfeffer	innen und außen würzen, innen mit
2 TL Kräutern der Provence	ausstreuen, die Fische mit
Weizenkeimöl	bestreichen, auf den heißen Grillrost legen, von jeder Seite 4 Minuten grillen
4 Tomaten	waschen, abtrocknen, an der runden Seite kreuzweise einschneiden, mit
Knoblauchsalz	
weißem Pfeffer	bestreuen, 3 Minuten vor Ende der Grillzeit zu den Fischen auf den Rost legen.

Provenzalischer Fischtopf

2 Zwiebeln oder	
3 Lauchzwiebeln	abziehen, würfeln
1 Stange Lauch (Porree)	gründlich waschen, längs halbieren, in etwa 1 cm lange Stücke schneiden, nochmals waschen, abtropfen lassen
400 g rote, grüne und	
gelbe Paprikaschoten	halbieren, entstielen, entkernen, die weißen Scheidewände entfernen, die Schoten waschen, in Streifen schneiden
3 Fleischtomaten	kurze Zeit in kochendes Wasser legen (nicht kochen lassen), in kaltem Wasser abschrecken, enthäuten, die Stengelansätze herausschneiden, die Tomaten vierteln, entkernen, würfeln
2 Knoblauchzehen	abziehen, zerdrücken
30 g Butter oder	
3 EL Speiseöl	erhitzen, das vorbereitete Gemüse darin andünsten, mit
½ TL gerebeltem Thymian	
etwas gerebeltem	
oder frischem Salbei	bestreuen
1 Lorbeerblatt	hinzufügen
125 ml (⅛ l)	
Weißwein	hinzugießen, 5-8 Minuten dünsten lassen
800 g Fischfilet	
(z. B. Rotbarsch	
oder Seelachs)	unter fließendem kalten Wasser abspülen, trockentupfen, in Würfel schneiden
1 Becher (150 g)	
Créme fraîche	zu dem Gemüse geben
½ TL Instant-	
Fleischbrühe	über das Gemüse streuen, gut verrühren, die Fischwürfel in das Gemüse geben, mit
Cayennepfeffer	
Salz, Zitronensaft	würzen, in 15 Minuten gar ziehen lassen.
Beilage:	Reis oder Salzkartoffeln

Pikanter Weißkohl mit Makrelen

	von
1 kleinen Kopf	
Weißkohl (etwa 750 g)	die äußeren Blätter entfernen, den Kohlkopf achteln, den Strunk herausschneiden, den Kohl waschen, in Streifen schneiden
8–10 mittelgroße	
Zwiebeln (etwa 250 g)	abziehen, vierteln
50 g Schweineschmalz	erhitzen, die Zwiebelviertel darin hellgelb dünsten lassen, den Kohl hinzufügen, durchdünsten lassen, mit
Salz	
Pfeffer	würzen
5 Wacholderbeeren	
1 Lorbeerblatt	
gut 125 ml (1/8 l) Wasser	hinzufügen, etwa 10 Minuten dünsten lassen
2 säuerliche Äpfel	schälen, vierteln, entkernen, in Scheiben schneiden, zu dem Kohl geben den Kohl noch etwa 10 Minuten dünsten lassen, mit
Salz	
Pfefer	
Essig	abschmecken, warm stellen
4 kleine	
küchenfertige Makrelen	unter fließendem kaltem Wasser abspülen, trockentupfen, innen und außen mit
Salz	
Pfeffer	bestreuen, die Makrelen auf dem Rücken mehrmals quer einschneiden, unter den vorgeheizten Grill schieben, von jeder Seite etwa 3 Minuten grillen, die garen Makrelen auf dem Kohl anrichten.
Beilage:	Bouillonkartoffeln.

Knoblauchkoteletts mit Perlzwiebeln

(Foto S. 46/47)

4 Schweinekoteletts (je etwa 180 g)	unter fließendem kaltem Wasser abspülen, trockentupfen, evtl. von Fett befreien, leicht flachklopfen
4 Knoblauchzehen	abziehen, zerdrücken oder durchpressen, die Koteletts von beiden Seiten damit einreiben, etwa 30 Minuten zugedeckt stehenlassen, mit
Salz Pfeffer Paprika edelsüß	bestreuen
250 g Perlzwiebeln	abziehen
2 EL Margarine oder Butter	in einer Pfanne erhitzen, die Koteletts mit den Zwiebeln hineingeben, etwa 10 Minuten darin braten lassen (Koteletts mehrmals wenden) die Koteletts und Perlzwiebeln aus der Pfanne nehmen, warm stellen, den Bratensatz mit
4 EL Weißwein oder Wasser	loskochen
2 EL Crème fraiche	unterrühren, die Sauce mit Salz, Pfeffer, Paprika abschmecken, über die Koteletts geben oder getrennt dazureichen.
Beilage:	Salzkartoffeln, Butterbohnen.

Fleischgerichte

Bratwurst-Spieße mit Tomatensauce

	Für die Tomatensauce
1 Zwiebel	
1 Knoblauchzehe	beide Zutaten abziehen, würfeln
1-2 EL Speiseöl	erhitzen, Zwiebel- und Knoblauchwürfel darin andünsten
400 g Tomaten (aus der Dose)	in Stücke schneiden, mit der Flüssigkeit hinzufügen, mit
Salz frisch gemahlenem Pfeffer	würzen, im offenen Topf etwa 10 Minuten kochen lassen, bis die Sauce sämig ist, mit
Salz, Pfeffer	abschmecken
150-175 g durchwachsenen Speck	in 16 kleine Scheiben schneiden
3 kleine Zwiebeln	abziehen, vierteln
2 kleine Äpfel	schälen, achteln
16 kleine Nürnberger Bratwürste	die 4 Zutaten abwechselnd auf 4 Spieße stecken
3-4 EL Speiseöl	mit
Currypulver	verrühren, die Bratwurst-Spieße damit bestreichen, in eine heiße Grillpfanne legen, von allen Seiten in etwa 8 Minuten knusprig braun grillen, warm stellen.

Kasseler in fruchtiger Sauce

4 Kasseler Koteletts (je etwa 150 g)	unter fließendem kaltem Wasser abspülen, trockentupfen, mit
Pfeffer	bestreuen
4 EL Speiseöl	erhitzen, die Koteletts von beiden Seiten darin je 4–5 Minuten braten, herausnehmen, warm stellen
6 EL Apfelmus	in das Bratfett geben, verrühren
125 ml (⅛ l) Wasser	
2 TL Instant-Bratensauce	hinzufügen, gut verrühren, kurz aufkochen lassen, mit
Pfeffer, Salz	abschmecken.
Beilage:	Kartoffelpüree, gemischter Salat.

Panierte Schweinekoteletts
(Foto)

4 Schweinekoteletts	
(je etwa 200 g)	unter fließendem kaltem Wasser abspülen, trockentupfen, leicht klopfen, mit
Salz	
frisch gemahlenem	
weißem Pfeffer	bestreuen
	die Koteletts zunächst in
2 EL Weizenmehl	dann in
1 verschlagenen Ei	zuletzt in
40 g Semmelbröseln	wenden
50 g Pflanzenfett	erhitzen, die Koteletts darin 8 Minuten braten, auf einer vorgewärmten Platte anrichten

Beilage: Gemüseplatte, Petersilienkartoffeln.

Veränderung: Anstelle von Schweinekoteletts Schweineschnitzel oder Kalbskoteletts verwenden.
Die Bratzeit dafür: 5 - 6 Minuten je Seite.

Tip: Damit sich die Schweinekoteletts beim Braten nicht nach oben wölben, sollte vor dem Panieren der Fettrand ringsherum leicht eingeschnitten werden.

Hühnerbrustfilets mit Pfefferbutter

(4 Portionen)

4 Hühnerbrustfilets (je etwa 250 g)	kurz waschen, trockentupfen, je eine Tasche in das Fleisch schneiden, mit
Salz	
Pfeffer	bestreuen
10 Scheiben eisgekühlte Pfefferbutter	je 2 dünne Scheiben in eine Fleischtasche geben, mit
Rouladennadeln	zusammenstecken, die Filets in
2 EL Weizenmehl	wenden
1 Ei	mit
2–3 EL Wasser	verschlagen, die Filets darin wenden, dann in
60 g Semmelbröseln	wenden, gut andrücken, in der restlichen Pfefferbutter auf jeder Seite etwa 5 - 6 Minuten braten.
Tip:	Dazu paßt Petersilienreis.

Puten-Salbei-Spieße

4 dünne Scheiben Putenschnitzel	unter fließendem kalten Wasser abspülen, trockentupfen, mit
Salz	
frisch gemahlenem Pfeffer	bestreuen, mit je 3 Scheiben von
12 dünnen Scheiben Frühstücksspeck	belegen
1 Bund frischen Salbei	abspülen, die Blättchen von den Stengeln zupfen, auf die Putenschnitzel verteilen, die Schnitzel von der langen Seite her aufrollen, schräg in jeweils 4 gleich große Stücke schneiden, auf Metallspieße stecken, mit
Speiseöl	bestreichen, die Spieße auf dem heißen Grillrost von jeder Seite 5 Minuten grillen.
Beilage:	Grüner Nudelsalat, Stangenweißbrot.

Salbeihähnchen (Römertopf)
(2 Portionen)

1 küchenfertiges Hähnchen (750 g)	unter fließendem kaltem Wasser abspülen, trockentupfen
3 Knoblauchzehen	abziehen, würfeln
15 Salbeiblättchen	abspülen, trockentupfen, fein hacken, das Hähnchen innen und außen mit
Salz	einreiben
Pfeffer	mit Knoblauch und Salbei vermengen, in das Hähnchen geben, das Hähnchen in einen Römertopf geben, mit
100 g Bacon (in Scheiben)	belegen, den Römertopf schließen, auf dem Rost in den Backofen schieben.
Ober-/Unterhitze:	etwa 200 °C (nicht vorgeheizt)
Heißluft:	etwa 180 °C (nicht vorgeheizt)
Gas:	etwa Stufe 3 (nicht vorgeheizt)
Backzeit:	etwa 70 Minuten.
	Das gare Hähnchen in Viertel schneiden, den Bratensatz entfetten, dazureichen.

Putenkeule in Burgunder

1 große, küchenfertige Putenkeule (etwa 1 kg)	unter fließendem kaltem Wasser abspülen, mit
Salz, Pfeffer	
Knoblauchpulver	
Paprika, edelsüß	einreiben
4–5 EL Speiseöl	erhitzen, die Keule darin anbraten
1 große Zwiebel	abziehen, fein würfeln, in das Fett geben, kurz mitdünsten lassen
250 ml (¼ l) Fleischbrühe	hinzugießen, die Putenkeule etwa 1 Stunde schmoren lassen
200 g gekochten Schinken	in Streifen schneiden
200 g Champignons (aus der Dose)	abtropfen lassen, vierteln, die beiden Zutaten zusammen mit
125 ml (⅛ l) Rotwein	zu dem Fleisch geben, gar schmoren lassen, auf einer vorgewärmten Platten anrichten, warm stellen

2–3 gestrichene EL Weizenmehl	mit
125 ml (⅛ l) Rotwein	anrühren, die Sauce damit binden
2–3 EL saure Sahne	unterrühren, die Sauce abschmecken, über die Putenkeule geben, mit
1 EL gehackten Kräutern	bestreuen.

Königsberger Klopse

(Foto S. 53)

1 altbackenes Brötchen (Semmel)	in kaltem Wasser einweichen
1 mittelgroße Zwiebel	abziehen, fein würfeln
500 g Gehacktes (halb Rind-, halb Schweinefleisch)	mit dem gut ausgedrückten Brötchen, den Zwiebelwürfeln,
1 kleinen Ei oder 1 Eiweiß	
2 gestr. TL Senf	vermengen, mit
Salz	
frisch gemahlenem Pfeffer	würzen, aus der Masse mit nassen Händen Klopse formen, in
750 ml (¾ l) kochendes Salzwasser	geben, zum Kochen bringen, abschäumen, etwa 15 Minuten gar ziehen lassen (Wasser muß sich leicht bewegen), die Brühe durch ein Sieb gießen, 500 ml (½ l) davon abmessen.
	Für die Sauce
30 g Butter oder Margarine	zerlassen
35 g Weizenmehl	unter Rühren so lange darin erhitzen, bis es hellgelb ist
500 ml (½ l) Kochbrühe	dazugießen, mit einem Schneebesen durchschlagen, darauf achten, daß keine Klümpchen entstehen, die Sauce zum Kochen bringen, etwa 5 Minuten kochen lassen
1 Eigelb	mit
2 EL kalter Milch	verschlagen, die Sauce damit abziehen (nicht mehr kochen lassen)
1 EL abgetropfte Kapern	hinzufügen, mit
Salz, Pfeffer, Speisewürze, Zitronensaft	abschmecken, die Klopse in die Sauce geben, 5 Minuten darin ziehen lassen.

Backhendl

(Foto)

1 küchenfertiges Hähnchen	unter fließendem kaltem Wasser abspülen, trockentupfen, in 8 Portionsstücke teilen
1 Ei	mit
2 EL Wasser	
Pfeffer	
Paprika edelsüß	
1 TL Salz	verschlagen, die Hähnchenstücke darin wenden, rundrum fest in
125 g Semmelbrösel	drücken
Fritierfett	in der Friteuse auf 180–190 °C erhitzen, die Hähnchenstücke etwa 10 Minuten darin goldbraun fritieren, auf Haushaltspapier abtropfen lassen, mit
Tomatenachteln	
Zitronenscheiben	
Petersilie	garnieren.

Geflügel-Schaschlik

500 g Hähnchenbrustfilets	Unter fließendem kalten Wasser abspülen, trockentupfen
100 g durchwachsenen Speck	beide Zutaten in etwa 2 cm große Würfel schneiden
2-3 Scheiben Ananas (aus der Dose)	abtropfen lassen, in nicht zu kleine Stücke schneiden, das Fleisch mit
Salz	
frisch gemahlenem weißem Pfeffer	würzen, abwechselnd mit den Speckwürfeln, den Ananasstücken auf Spieße stecken
3 EL Butter	in einer Bratpfanne zerlassen, die Fleischspieße von allen Seiten in etwa 8 Minuten darin goldbraun braten, auf einer vorgewärmten Platte anrichten.
Beilage:	Butterreis, Grüner Salat.

Schmorhähnchen mit Aprikosen
(Foto)

1 küchenfertiges Hähnchen (etwa 1,5 kg)	enthäuten, unter fließendem kaltem Wasser abspülen, trockentupfen, das Hähnchen in 8 Stücke zerteilen
6 EL Speiseöl	in einem großen Schmortopf erhitzen, die Fleischstücke darin anbraten, herausnehmen, warm stellen
6 kleine Zwiebeln	abziehen, etwa die Hälfte würfeln, die restlichen Zwiebeln halbieren
3 Knoblauchzehen	abziehen, würfeln
4 Fleischtomaten	kurze Zeit in kochendes Wasser legen (nicht kochen lassen), in kaltem Wasser abschrecken, enthäuten, die Stengelansätze herausschneiden, die Tomaten vierteln
100 g getrocknete, ungeschwefelte Aprikosen	in kleine Stücke schneiden, Zwiebeln und Knoblauch in dem Bratfett andünsten, Tomatenviertel, Aprikosenstücke hinzufügen, im offenen Topf durchdünsten lassen, das Fleisch darauf geben, mit
1 TL Salz Cayennepfeffer	bestreuen, die Hähnchenstücke zugedeckt bei schwacher Hitze in etwa 45 Minuten gar schmoren lassen.
Beilage:	Reis oder Stangenweißbrot.

Paprika-Hähnchen
(Foto)

1 Hähnchen	evtl. enthäuten, unter fließendem kaltem Wasser abspülen, trockentupfen, das Hähnchen in acht Portionsstücke teilen, in
40 g Weizenmehl	wenden
100 g durchwachsenen Speck	in feine Streifen schneiden
1 Zwiebel	
1 Knoblauchzehe	beide Zutaten abziehen, würfeln, die Speckstreifen in einem Schmortopf langsam glasig braten lassen, herausnehmen, Zwiebel- und Knoblauchwürfel in dem Speckfett weich dünsten lassen
2 EL Paprika, edelsüß	unterrühren, etwas erhitzen, die Hähnchenstücke nebeneinander hineinlegen, bei schwacher Hitze zugedeckt etwa 30 Minuten schmoren lassen, ab und zu wenden, evtl. etwas Wasser hinzufügen
2 große enthäutete Fleischtomaten	kleinschneiden (Stengelansätze entfernen), die Tomatenstücke zu dem Fleisch geben, mit
Salz	
Pfeffer	würzen, das Fleisch im offenen Topf noch etwa 10 Minuten weiterschmoren lassen
250 g saure Sahne	verrühren, über das gare Fleisch geben.
Tip:	Die Leber extra in 1 Eßlöffel Öl anbraten, dazureichen.

Paprikaschoten, mit Quark gefüllt

(Foto S. 62/63)

	Von
8 kleinen roten, grünen und gelben Paprikaschoten	die Deckel abschneiden, Kerne und weiße Scheidewände entfernen, die Schoten und Deckel waschen, abtrocknen.
	Für die Füllung
2 Knoblauchzehen	abziehen, durch eine Presse drücken, mit
400 g Magerquark	
3 Eiern	gut verrühren
10 schwarze Oliven	entkernen, kleinschneiden, unterrühren, mit
Meersalz frisch gemahlenem Pfeffer	
Currypulver	würzen
2 EL gehackte, glatte Petersilie	unterrühren, die Quarkmasse in die Paprikaschoten füllen, die Deckel darauf legen
etwa 125 ml ($\frac{1}{8}$ l) Gemüsebrühe	mit
2 EL Olivenöl	in einen breiten, flachen Kochtopf geben, zum Kochen bringen, die gefüllten Paprikaschoten nebeneinander hineinsetzen, zugedeckt bei schwacher Hitze in etwa 25 Minuten gar dünsten lassen, herausnehmen, auf einer vorgewärmten Platte anrichten, warmstellen, die Dünstflüssigkeit evtl. etwas einkochen lassen
etwa 2 EL Crème fraiche	unterrühren, mit Salz, Pfeffer, Currypulver abschmecken, die Sauce mit
feingehackter glatter Petersilie feingeschnittenem Schnittlauch	bestreuen, zu den Paprikaschoten reichen.
Beilage:	Butterreis oder Petersilienkartoffeln.

Möhren-Rohkost mit Früchten

375 g Möhren	putzen, schälen, waschen und grob reiben
250 g Äpfel	waschen, vierteln, entkernen und in Stifte schneiden, oder auch reiben
30 g Haselnußkerne	in Scheiben schneiden.
	Für die Salatsauce
150 g Joghurt	
2 EL Zitronensaft	
1 TL Honig	
Salz	
Zucker	
gemahlener Zimt	
gemahlene Nelken	gut verrühren, mit den Salatzutaten mischen, kurz durchziehen lassen.

Rosenkohl

	Von
750 g Rosenkohl	die beschädigten und fleckigen äußeren Blättchen entfernen, etwas vom Strunk abschneiden, die Rosenkohlröschen am Strunk kreuzförmig einschneiden, die Röschen waschen, abtropfen lassen, in
kochendes Salzwasser	geben, zum Kochen bringen, in etwa 15 Minuten gar kochen, zum Abtropfen auf ein Sieb geben
50 g Butter	zerlassen, den Rosenkohl darin schwenken, mit
Salz	
geriebener Muskatnuß	würzen.

Sahnezwiebeln

(Foto)

500 g Zwiebeln	abziehen, in dünne Scheiben schneiden, in Ringe teilen
1-2 EL Butter	zerlassen, die Zwiebelringe darin glasig dünsten lassen, mit
Salz	
Pfeffer	würzen
einige Thymianblättchen	hineingeben, die Zwiebelringe auf 4 feuerfeste Förmchen verteilen
250 ml (¼ l) Schlagsahne	mit
2 Eiern	verquirlen, mit Salz abschmecken
150 g mittelalten Gouda-Käse	raspeln, von
4 Scheiben Toastbrot	die Rinde abschneiden, das Brot in kleine Würfel schneiden, mit dem Käse zu der Sahne geben, alles auf den Zwiebeln verteilen
2 EL Butter	in Flöckchen auf die Brotwürfel setzen, die Förmchen auf dem Rost in den Backofen schieben.

Ober-/Unterhitze:	etwa 200 °C (vorgeheizt)
Heißluft:	etwa 180 °C (nicht vorgeheizt)
Gas:	etwa Stufe 3 (vorgeheizt)
Backzeit:	20–30 Minuten.

Zwiebeln aus dem Ofen

1 kg kleine Zwiebeln	abziehen, kleinere Zwiebeln mit einer Gabel einstechen, größere halbieren oder vierteln, in eine gefettete feuerfeste Form geben
250 g gekochten Schinken	in feine Streifen schneiden, über die Zwiebeln streuen
3 Becher (je 150 g) Crème fraîche	anschlagen, darüber geben, die Form auf dem Rost in den Backofen schieben.

Ober-/Unterhitze:	etwa 200 °C (vorgeheizt)
Heißluft:	etwa 180 °C (nicht vorgeheizt)
Gas:	etwa Stufe 3 (nicht vorgeheizt)
Backzeit:	etwa 45 Minuten.

Beigabe:	Frisches Graubrot, Salat.

Knoblauch-Tomaten
(Foto)

100 g Bacon (Frühstücks-speck, in Scheiben)	in eine flache feuerfeste Form legen
5 Fleischtomaten	waschen, die Stengelansätze herausschneiden, die Tomaten nebeneinander auf den Bacon setzen
6–8 frische Knoblauchzehen	abziehen, würfeln
1 Bund Basilikum	
1 Bund Petersilie	
4 Salbeiblättchen	die Kräuter abspülen, trockentupfen, hacken, mit dem Knoblauch auf den Tomaten verteilen
200 g Schafskäse	darüberbröseln, die Form auf dem Rost in den Backofen schieben.
Ober-/Unterhitze:	180–200 °C (vorgeheizt)
Heißluft:	160–180 °C (nicht vorgeheizt)
Gas:	Stufe 3–4 (nicht vorgeheizt)
Backzeit:	etwa 20 Minuten.

Tomatenomelett „griechische Art"

1200 g Tomaten	kurz in heißes Wasser legen (nicht kochen lassen), in kaltem Wasser abschrecken, die Stengelansätze herausschneiden, die Tomaten enthäuten, Tomaten achteln, entkernen, in eine Pfanne geben, mit
Salz	
frisch gemahlenem Pfeffer	bestreuen, unter Rühren etwas dünsten lassen
30 g Knoblauchbutter	in Flöckchen zerteilen, hinzufügen, dabei mehrmals umrühren
8 Eier	gut verquirlen, mit
Salz	
Pfeffer	würzen, jeweils ¼ der Tomaten in eine Pfanne geben, ¼ der Eimasse daraufgeben, bei geringer Hitze stocken lassen. Auf diese Weise 4 Omeletts zubereiten, warm stellen, in der Zwischenzeit das Tomateninnere pürieren, durch ein Sieb streichen, erhitzen, mit
Salz, Pfeffer und Zitronensaft	abschmecken, die Tomatensauce getrennt zu den Omeletts reichen.

Pfälzer Zwiebelkuchen

(4–6 Portionen)

	Für den Teig
40 g weiches Butterschmalz	mit
100 g Magerquark	
1 gestr. TL Salz	
250 g Weizenmehl	
1 Pck. Backpulver	und
2 Eiern	zu einem glatten Teig verkneten, eine Springform (Ø 28 cm) mit
10 g Butterschmalz	ausfetten, den Teig in entsprechender Größe ausrollen, in die Form geben, einen Rand von etwa 2 cm hochdrücken, die Form auf dem Rost in den Backofen stellen.
Ober-/Unterhitze:	etwa 200 °C (vorgeheizt)
Heißluft:	etwa 180 °C (nicht vorgeheizt)
Gas:	Stufe 3–4 (vorgeheizt)
Backzeit:	etwa 15 Minuten.
	Für den Belag
400 g Gemüsezwiebeln	abziehen, in feine Ringe schneiden
2 EL Butterschmalz	in einer Pfanne erhitzen, die Zwiebelringe darin andünsten
200 g gekochten Schinken	in Würfel schneiden, mit den Zwiebeln auf den Teig geben
Pfeffer	darübermahlen
2 Eier	
100 g geriebener Emmentaler	
200 g saure Sahne	
1 gestr. TL zerstoßener Kümmel	die vier Zutaten verrühren, darübergießen, die Form auf dem Rost in den Backofen schieben.
Ober-/Unterhitze:	etwa 200 °C (vorgeheizt)
Heißluft:	etwa 180 °C (nicht vorgeheizt)
Gas:	etwa Stufe 3 (vorgeheizt)
Backzeit:	etwa 30 Minuten.

Spinattorte
(8 Stücke)

	Für den Teig
300 g Weizenmehl	
150 g Pfefferbutter	
1 Ei	gut miteinander vermengen, zu einem Kloß formen, in Frischhaltefolie gewickelt im Kühlschrank etwa 30 Minuten kalt legen. ⅔ des Teiges auf den Boden einer Springform (Ø 26 cm) ausrollen. Die Form auf dem Rost in den Backofen stellen.
Ober-/Unterhitze:	etwa 200 °C (vorgeheizt)
Heißluft:	etwa 180 °C (nicht vorgeheizt)
Gas:	Stufe 2–3 (nicht vorgeheizt)
Backzeit:	etwa 15 Minuten.
	Aus dem Rest des Teiges einen Rand von 2 cm hochdrücken.
	Für den Belag
75 g Pfefferbutter	zerlassen
1 Zwiebel	abziehen, fein würfeln, zusammen mit
1 gewürfelten Knoblauchzehe	in der Butter andünsten
2 Packungen TK-Spinat à 450 g	hinzufügen, auftauen und weichgaren lassen, durch ein Sieb abtropfen lassen, abkühlen lassen
250 g Magerquark	
1–2 EL Schlagsahne	
1 Eigelb	
1 EL scharfer Senf	die vier Zutaten gut vermischen, unter die Spinatmasse heben.
Ober-/Unterhitze:	etwa 200 °C (vorgeheizt)
Heißluft:	etwa 180 °C (nicht vorgeheizt)
Gas:	Stufe 2–3 (nicht vorgeheizt)
Backzeit:	etwa 30 Minuten.

Chinakohl mit Käse überbacken
(Foto)

1 Kopf (1 kg)	
Chinakohl	putzen, halbieren, vierteln, waschen (er darf nicht auseinanderfallen), abtropfen lassen
1 l Gemüsebrühe	zum Kochen bringen, den Kohl hineingeben, zum Kochen bringen, in etwa 10 Munten garkochen, abtropfen lassen den Kohl mit
1–2 EL Butter	und der Hälfte von
50 g geriebenem Käse	in eine gefettete Auflaufform schichten.
	Für die Sauce:
1 Becher (125 g)	
saure Sahne	mit
1 EL gehackter Petersilie	
1 kleinen, abgezogenen, feingewürfelten Zwiebel	
Salz	
Pfeffer	zu einer dicklichen Sauce verrühren, über den Kohl geben, mit dem restlichen Käse bestreuen, die Auflaufform auf dem Rost in den Backofen schieben.
Ober-/Unterhitze:	etwa 200 °C (vorgeheizt)
Heißluft:	etwa 180 °C (nicht vorgeheizt)
Gas:	etwa Stufe 4 (nicht vorgeheizt)
Backzeit:	etwa 10 Minuten.

Glasierte Möhren

	Von
1 ½ kg jungen Möhren	das Grün bis auf etwa 1 cm und die Wurzelenden abschneiden, die Möhren schälen, waschen, in
kochendes Salzwasser	geben, zum Kochen bringen, etwa 7 Minuten kochen, abtropfen lassen
125 g Butter	zerlassen, die Möhren einige Minuten andünsten lassen
5 EL Zucker	hinzufügen, die Möhren unter Rühren in etwa 10 Minuten glasieren, mit
frisch gemahlenem Pfeffer	
gehackten Minzeblättchen	bestreuen.

Kartoffel-Knoblauch-Pfanne

(Foto)

500 g sehr kleine, neue Kartoffeln	gründlich waschen, die Schale mit einer Bürste abbürsten
1 Bund Frühlingszwiebeln	putzen, das dunkle Grün abschneiden, die Zwiebel waschen, längs halbieren, in große Stücke schneiden
2 EL Pflanzenöl	in einer Pfanne erhitzen, die Kartoffeln hineingeben, von allen Seiten anbraten, die Frühlingszwiebeln, und
etwa 10 junge Knoblauchzehen	ungeschält hinzufügen, etwa 5 Minuten mitbraten lassen, mit
Meersalz	
frisch gemahlenem Pfeffer	
gehackten Thymianblättchen	bestreuen
etwas Wasser	hinzugießen, die Kartoffel-Knoblauch-Pfanne in etwa 10 Minuten garen.

Selleriescheiben, paniert

1 kg Sellerieknolle	putzen, halbieren, schälen, in Scheiben schneiden, von beiden Seiten mit
Salz	
Pfeffer	bestreuen, in
80 g Weizenmehl	wenden, dann in
2 verquirlten Eiern	und zuletzt in
150 g Semmelbröseln	wenden, dabei gut andrücken
100 g Pfefferbutter	zerlassen, die Scheiben darin langsam goldbraun backen.
Tip:	Dazu paßt Tomatensauce, Blattspinat und Karoffelsalat

Lauchtorte

5 Scheiben (225 g) TK-Blätterteig	nach Packungsanleitung auftauen lassen
1 kg Porree (Lauch)	putzen, das dunkle Grün bis auf 10 cm entfernen, den Porree längs halbieren, in 1-2 cm dicke Scheiben schneiden, gründlich waschen, abtropfen lassen
1 Zwiebel	abziehen, fein würfeln
2 EL Speiseöl	in einer großen Pfanne erhitzen, Zwiebelwürfel darin glasig dünsten lassen, den Porree hinzufügen, etwa 8 Minuten dünsten, erkalten lassen. Blätterteig auf der bemehlten Arbeitsfläche ausrollen, eine Pie- oder Springform (etwa 28 cm Durchmesser) damit auskleiden, den Rand hochdrücken, den Boden mehrmals mit einer Gabel einstechen, den Porree darauf geben
200 ml Schlagsahne	mit
4 Eiern	verschlagen, mit
Salz Pfeffer geriebener Muskatnuß	kräftig würzen, über den Porree gießen die Lauchtorte auf dem Rost in den Backofen schieben.
Ober-/Unterhitze:	200–220 °C (vorgeheizt)
Heißluft:	180–200 °C (nicht vorgeheizt)
Gas:	Stufe 4–5 (nicht vorgeheizt)
Backzeit:	30–40 Minuten.
Tip:	100 g geriebenen Käse unter die Eiersahne geben.

Parma-Bohnen
(Im Schnellkochtopf)

500 g grüne Bohnen	abfädeln, waschen, in Stücke brechen
150 g Champignons	putzen, waschen, vierteln
200 g enthäutete Tomaten	vierteln
50 g Speck	in Würfel schneiden, im offenen Schnellkochtopf auslassen
1 Zwiebel	abziehen, würfeln, darin glasig dünsten lassen, das Gemüse hinzufügen
½ TL gerebeltes Bohnenkraut	darüberstreuen, mit
gerebeltem Oregano	
Pfeffer	
Salz	würzen
125 ml (⅛ l) Gemüsebrühe	hinzugießen, den Schnellkochtopf schließen, etwa 5 Minuten garen lassen, den Topf langsam öffnen, die Bohnen mit Salz abschmecken, mit
40 g geriebenem Parmesan-Käse	bestreuen.

Kohlrabi-Kartoffel-Gratin

(Foto S. 78/79)

	Von
3-4 kleinen	
Kohlrabi (etwa 500 g)	die Blätter entfernen, die Kohlrabi schälen, waschen
500 g Kartoffeln	schälen, waschen
3-4 Zwiebeln	abziehen, die 3 Zutaten in dünne Scheiben schneiden
150 g Salami	
(in Scheiben)	in Streifen schneiden, eine flache Gratinform ausfetten, die Zutaten abwechselnd einschichten (die untere und die obere Schicht sollten aus Kartoffelscheiben bestehen), Kohlrabi- und Kartoffelschichten jeweils mit etwas von
200 g geriebenem	
Emmentaler Käse	bestreuen, mit
Salz	
frisch gemahlenem Pfeffer	würzen
125 ml (⅛ l) Milch	mit
125 ml (⅛ l) Schlagsahne	und
2 Eiern	verschlagen, mit
Salz,	
Paprika edelsüß	würzen, über den Auflauf gießen, den restlichen Käse mit
2-3 EL Semmelbröseln	vermengen, über den Gratin streuen
1-2 EL Butter	zerlassen, darüber träufeln, die Form auf dem Rost in den Backofen schieben.
Ober-/Unterhitze:	etwa 200 °C (vorgeheizt)
Heißluft:	etwa 180 °C (nicht vorgeheizt)
Gas:	etwa Stufe 3 (nicht vorgeheizt)
Backzeit:	etwa 40 Minuten.

Kartoffelauflauf mit Hackfleisch und Porree

750 g Kartoffeln	waschen, in so viel
Salzwasser	zum Kochen bringen, daß die Kartoffeln bedeckt sind, in 20-25 Minuten gar kochen lassen, abgießen, abdämpfen, heiß pellen, erkalten lassen, in Scheiben schneiden
4 Stangen Porree (Lauch,	
etwa 500 g)	putzen, das dunkle Grün bis auf etwa 10 cm entfernen, den Porree in Scheiben schneiden, gründlich waschen, in

kochendes Salzwasser	geben, zum Kochen bringen, 2-3 Minuten kochen, abtropfen lassen
2 Zwiebeln	
2 Knoblauchzehen	beide Zutaten abziehen, fein würfeln
2 EL Speiseöl	erhitzen, Zwiebel- und Knoblauchwürfel darin glasig dünsten lassen
500 g Gehacktes (halb Rind-, halb Schweinefleisch)	unter Rühren darin braun braten lassen, dabei die Fleischklümpchen zerdrücken, das Hackfleisch mit
Salz	
frisch gemahlenem Pfeffer	
Cayennepfeffer	würzen
250 g saure Sahne	mit
2 EL gehackter Petersilie	verrühren, mit Salz, Pfeffer würzen, eine feuerfeste Auflaufform ausfetten, die Hälfte der Kartoffelscheiben und der Porreeringe hineingeben, mit Salz bestreuen, die Hälfte der Sahne darauf verteilen, die Hackfleischmasse darauf geben, die restlichen Kartoffelscheiben und Porreeringe einfüllen, mit Salz bestreuen, mit der restlichen Sahne bedecken
50 g geriebenen Emmentaler Käse	darüber streuen
Butter	in Flöckchen darauf setzen, die Form auf dem Rost in den Backofen schieben, den Auflauf goldbraun backen.
Ober-/Unterhitze:	etwa 200 °C (vorgeheizt)
Heißluft:	etwa 180 °C (nicht vorgeheizt)
Gas:	Stufe 3–4 (nicht vorgeheizt)
Backzeit:	etwa 40 Minuten.

Panzarotti

(6 Portionen)
(Foto)

1 kg mehlig-kochende Kartoffeln	schälen, waschen, grob zerkleinern, in so viel
Salzwasser	zum Kochen bringen, daß die Kartoffeln bedeckt sind, in 20-25 Minuten gar kochen lassen, die Kartoffeln abgießen, abdämpfen, durchpressen, etwas abkühlen lassen
125 g Parmesan-Käse	reiben
2 Salbeiblättchen	vorsichtig abspülen, trockentupfen, fein hacken, die beiden Zutaten mit der Kartoffelmasse,
1 Ei	
1 Eigelb	
4–5 EL gehackter glatter Petersilie	verkneten, mit
Meersalz	
gemahlenem Pfeffer	würzen
etwa 80 g Mozzarella-Käse	in 16 gleich große Stücke schneiden, den Kartoffelteig zu einer Rolle formen, in 16 gleich große Stücke teilen, in jedes Teigstück einen Käsewürfel drücken, das Teigstück zu einem Kloß formen, flachdrücken, in
50 g Semmelbröseln	wenden
100 g Butter	zerlassen
4 EL Speiseöl	hinzufügen, erhitzen, die Panzarotti von jeder Seite etwa 5 Minuten braten lassen.
Beilage:	Bunte Salatplatte.

Kartoffelgulasch

1 kg Kartoffeln	waschen, in so viel
Wasser	zum Kochen bringen, daß die Kartoffeln bedeckt sind, in 20–25 Minuten gar kochen lassen, abgießen, sofort pellen, in Scheiben schneiden
3 Zwiebeln (etwa 120 g)	abziehen, fein würfeln
50 g Margarine oder Butter	zerlassen, die Zwiebelwürfel darin glasig dünsten lassen
30 g Weizenmehl	darüberstäuben, mit
625 ml Milch	ablöschen, zum Kochen bringen, etwa 5 Minuten kochen lassen
500 g Fleischwurst	pellen, in Würfel schneiden, mit den Kartoffelscheiben in die Sauce geben, erhitzen
2 Bund glatte Petersilie	abspülen, vorsichtig trockentupfen, fein hacken, zu dem Kartoffelgulasch geben, mit
3 EL Weißwein Salz frisch gemahlenem Pfeffer frisch geriebener Muskatnuß	abschmecken.

Kartoffel-Gemüse-Puffer

500 g rohe Kartoffeln, geschält 250 g Möhren, geputzt 250 g Zwiebeln, geschält	die drei Zutaten raspeln, vermengen und mit beiden Händen leicht ausdrücken, mit
2 Eiern Salz Pfeffer, weiß Hefewürze 100 g Weizenschrot, sehr fein	verrühren, etwas von
125 g Butterschmalz	in einer Pfanne erhitzen, mit einem Eßlöffel kleine Küchlein vom Kartoffelteig abstechen, in die Pfanne geben und flachdrücken, die Puffer bei mittlerer Hitze beidseitig knusprig braten, sofort servieren.

Reibekuchen (Kartoffelpuffer)

1 kg Kartoffeln	schälen, waschen, auf einer feinen Reibe reiben, mit
2 Eiern	
2–3 EL Weizenmehl	
Salz	verrühren (nicht zu schwach salzen)
125 ml (1/8 l) Speiseöl	erhitzen, den Teig eßlöffelweise hineingeben, flachdrücken, so daß etwa handtellergroße Kuchen entstehen, von beiden Seiten hellbraun und knusprig braten.
Beilage:	Apfelmus, Kompott oder Salat.
Tip:	4–5 EL feingehackte Kräuter (glatte Petersilie, Dill, Schnittlauch, Zitronenmelisse) unter den Kartoffelteig rühren.

Altdeutsche Kartoffelpfanne

250 g Champignons	putzen, evtl. waschen, in Scheiben schneiden
500 g gekochte Kartoffeln	
100 g fetter Speck	beide Zutaten in Würfel schneiden, den Speck auslassen
2 Zwiebeln	abziehen, in Scheiben schneiden, in dem Speckfett glasig dünsten lassen, die Champignonscheiben, die Kartoffelwürfel hinzufügen, braun braten lasse
6 Eier	mit
250 ml (1/4 l) Milch	verschlagen, mit
Salz	abschmecken
2 EL feingeschnittenen Schnittlauch	unterrühren, die Eiermilch über die Kartoffeln geben, stocken lassen, evtl.
Butter	in die Pfanne geben (die Eiermasse darf nicht trocken werden), wenn die untere Schicht leicht gebräunt ist, das Gericht auf einen vorgewärmten Teller gleiten lassen.
Beigabe:	Rote Bete.

Bauernfrühstück
(Foto)

750 g Salatkartoffeln	waschen, in Wasser zum Kochen bringen, in 20-25 Minuten gar kochen lassen, abgießen, abdämpfen, heiß pellen, erkalten lassen, in Scheiben schneiden
4 kleine Zwiebeln	abziehen, würfeln
75 g durchwachsenen Speck	in Würfel schneiden, auslassen
30 g Butter oder Margarine	hinzufügen, zerlassen, die Zwiebelwürfel darin glasig dünsten, die Kartoffeln hinzufügen, braun braten
3 Eier	mit
3 EL Milch	
Salz	
frisch gemahlenem Pfeffer	
Paprika edelsüß	
geriebener Muskatnuß	verschlagen
125 g Schinkenspeck	in Würfel schneiden, mit
2 EL feingeschnittenem Schnittlauch	unter die Eiermasse rühren, über die Kartoffeln gießen, in etwa 10 Minuten stocken lassen.
Beigabe:	Gemischter Salat oder Gewürzgurken.

Kartoffelpizza
(Foto)

750 g Kartoffeln	schälen, waschen, in dünne Scheiben schneiden
150 g durchwachsenen Speck	in kleine Würfel schneiden, auslassen, die Kartoffelscheiben hinzugeben, etwa 5 Minuten unter Wenden braten lassen
500 g Tomaten	waschen, abtrocknen, in Scheiben schneiden, mit den Kartoffelscheiben vermengen, beide Zutaten gleichmäßig auf einem gefetteten Backblech verteilen, mit
¼ TL gerebeltem Oregano	
1 EL gehackter Petersilie	
Knoblauchsalz	
frisch gemahlenem Pfeffer	bestreuen, die Pizza mit
250 g Maasdamer	gleichmäßig belegen.
Ober-/Unterhitze:	200–220 °C (vorgeheizt)
Heißluft:	180–200 °C (nicht vorgeheizt)
Gas:	Stufe 4–5 (vorgeheizt)
Backzeit:	etwa 25 Minuten.

Die Pizza in Stücke teilen, heiß servieren.

Himmel und Erde
(Foto)

750 g Kartoffeln	schälen, waschen, in Würfel schneiden
375 g Äpfel	schälen, vierteln, entkernen, in Stücke schneiden
375 ml (⅜ l) Wasser	mit
Salz	
Zucker	zum Kochen bringen, die Kartoffelwürfel hineingeben, zum Kochen bringen, etwa 10 Minuten kochen lassen, die Apfelstücke hinzufügen, zum Kochen bringen, noch etwa 10 Minuten mitkochen, das Gericht mit Salz, Zucker abschmecken, etwas zerstampfen, in eine vorgewärmte Schüssel geben
2 große Zwiebeln	abziehen, in Scheiben schneiden
100 g durchwachsenen Speck	in Würfel schneiden, auslassen, die Zwiebeln darin bräunen, die Speckzwiebeln über dem Gericht verteilen.

Tortilla
(Für 2 Personen)

400 g Kartoffeln	waschen, schälen, abspülen
150 g Zucchini	waschen, die Enden abschneiden, Kartoffeln und Zucchini in dünne Scheiben hobeln
2 kleine Zwiebeln	abziehen, in Ringe schneiden
4 EL Olivenöl	in einer Pfanne erhitzen, die Hälfte des Gemüses dazugeben, von allen Seiten in etwa 10 Minuten goldbraun braten, mit
Salz	
Pfeffer	bestreuen
6 Eier	mit Salz, Pfeffer
4 EL Schlagsahne	
2 EL Schnittlauchröllchen	verquirlen, die Hälfte davon über die Kartoffel-Zucchini-Masse geben, den Deckel auflegen, bei schwacher Hitze stocken lassen, die Tortilla vorsichtig aus der Pfanne nehmen, in kleine Tortenstücke schneiden, in Pergamentpapier eingeschlagen heiß oder kalt servieren. Die anderen Tortilla mit den restlichen Zutaten genau so zubereiten.

Folien-Kartoffeln
(Foto)

8 mittelgroße Kartoffeln	waschen, abtrocknen, ungeschält in
8 gleichgroße Stücke Alufolie	einwickeln, die Folienpakete auf dem Backblech in den Backofen schieben.
Ober-/Unterhitze:	200–220 °C (vorgeheizt)
Heißluft:	180–200 °C (nicht vorgeheizt)
Gas:	Stufe 4–5 (vorgheizt)
Backzeit:	etwa 40 Minuten.
	Für die Kräutercreme
1 Becher (150 g) Crème fraîche	mit
Salz frisch gemahlenem Pfeffer Paprika edelsüß	abschmecken
1 EL gehackte Petersilie 1 EL feingeschnittenen Schnittlauch	unterrühren, nach Belieben
etwas Kümmel	hinzufügen, die garen Folien-Kartoffeln in der oben geöffneten Alufolie servieren, die Kartoffeln etwas drücken, damit sie oben leicht aufplatzen, die Kräutercreme dazureichen.

Quark-Reis-Auflauf

(Foto S. 94/95)

4 säuerliche Äpfel	schälen, halbieren, Kerngehäuse entfernen, die Apfelhälften in
125 ml (⅛ l)	
Wasser	mit
3 EL Zucker	in etwa 5 Minuten fast weich dünsten lassen, in eine Auflaufform setzen, mit
8 TL Johannisbeer-konfitüre	füllen, mit
gemahlenem Zimt	bestreuen
250 g gekochten Reis	mit
100 g Speisequark	
100 ml Kondensmilch, 10% F.	
4 Eigelb	
2 EL Zucker	verrühren
3 Eiweiß	steif schlagen, unter die Reis-Quarkmasse ziehen, über die Äpfel geben, die Form auf dem Rost in den Backofen schieben.

Ober-/Unterhitze:	etwa 200 °C (vorgeheizt)
Heißluft:	etwa 180 °C (nicht vorgeheizt)
Gas:	etwa Stufe 3 (nicht vorgeheizt)
Garzeit:	etwa 25 Minuten.

Pilz-Speck-Reis mit Salat

50 g getrocknete Steinpilze	in heißem Wasser quellen lassen
150 g dänischen Bacon	in Streifen schneiden, knusprig braun braten lassen, herausnehmen
1 Zwiebel	abziehen, fein hacken, in dem Schinken-Bratfett glasig dünsten, die gequollenen Pilze abtropfen lassen, mit
250 g Langkornreis	
500 ml (½ l) Salzwasser	zu den Zwiebeln geben, zum Kochen bringen, in etwa 15 Minuten ausquellen lassen, die Speckstreifen unterheben, mit
Salz	abschmecken.
	Für den Salat von
1 Kopf Salat	die welken Blätter entfernen, die anderen vom Strunk lösen, die großen Blätter teilen, die Herzblätter ganz lassen, den Salat gründlich waschen, gut abtropfen lassen oder trocken schleudern
4 EL Salatöl	mit
2 EL Essig	
1 EL mildem Senf	verschlagen, mit
Salz	
Pfeffer	
Zucker	würzen, den Salat vorsichtig unterheben, den Reis auf 4 Teller verteilen, sofort mit dem Salat servieren.

Gemüsereis

2 grüne Paprikaschoten (etwa 300 g)	halbieren, entstielen, entkernen, die weißen Scheidewände entfernen, die Schoten waschen, in feine Streifen schneiden
1 Porreestange	putzen, waschen, in feine Streifen schneiden, evtl. nochmals waschen, abtropfen lassen
1 EL Speiseöl	erhitzen, das Gemüse darin andünsten
250 g Langkornreis	unterrühren
500 ml (½ l) Salzwasser	hinzugießen, umrühren, zum Kochen bringen, den Reis in etwa 15 Minuten ausquellen lassen, den garen Gemüsereis auf ein Sieb gießen, mit kaltem Wasser übergießen, abtropfen lassen

1 Bund glatte Petersilie	vorsichtig waschen, tropfentupfen, fein hacken, unter den Gemüse-Reis heben.
Beilage:	Geflügelsülze oder gebratene Putenbrust, Chicorèe-Salat.

Apfelreis

(Römertopf)
(Foto)

500 g Äpfel	schälen, vierteln, entkernen, in Scheiben schneiden waschen (wenn der Reis kalt gegessen werden soll, die kleinere Reismenge verwenden), mit
200–250 g Brühreis	
1 l heißem Wasser	
Salz	
50–75 g Zucker	
Butter oder Margarine	
Zitronenschale (unbehandelt)	in den Römertopf geben, mit dem Deckel verschließen, auf dem Rost in den Backofen stellen, den Apfelreis während des Garens 2–3 mal durchrühren.
Ober-/Unterhitze:	200–220 °C (nicht vorgeheizt)
Heißluft:	180–200 °C (nicht vorgeheizt)
Gas:	Stufe 4–5 (nicht vorgeheizt)
Garzeit:	50–60 Minuten.
Tip:	Den garen Reis mit Zucker und Zimt und gebräunter Butter servieren.

Quark-Reis mit Salbei

250 g Langkornreis	in
etwa 3 l kochendes Salzwasser	
	geben, zum Kochen bringen, etwa 15 Minuten kochen, gut abtropfen lassen
1 Packung (200 g) Frühlings-Quark	mit
2 Eiern	gut verrühren, unter den Reis heben, warm stellen
150 g Schinkenspeck	in feine Streifen schneiden
etwa 15 Salbeiblättchen	vorsichtig abspülen, trockentupfen
1 EL Butter	zerlassen, Schinkenspeckstreifen und Salbeiblättchen bei schwacher Hitze darin anbraten, mit der Reis-Quark-Masse verrühren, sofort servieren.
Beigabe:	Tomaten-Gurken-Salat, geriebener Schafskäse.

Risotto

1 kleine Zwiebel	abziehen, würfeln
3 EL Speiseöl	erhitzen, die Zwiebelwürfel darin andünsten
200 g italienischen Rundkornreis	hinzufügen, glasig dünsten lassen
400 ml Fleischbrühe	hinzugießen, zum Kochen bringen, den Reis in etwa 20 Minuten ausquellen lassen (Reis nicht umrühren, das er sonst breiig wird), den garen Reis in eine vorgewärmte Schüssel füllen, mit
1 EL gemischten, gehackten Kräutern	bestreuen.
Abwandlung:	*Für Risi Bisi*
150 g gare Erbsen	unter den garen Reis rühren, mit
Salz	abschmecken
1 EL gehackte Petersilie	unterrühren.

Risotto Pomodoro
(Im Schnellkochtopf)

2 Zwiebeln	abziehen, würfeln
5 EL Speiseöl	im offenen Schnellkochtopf erhitzen, die Zwiebelwürfel darin andünsten
3 enthäutete Tomaten	vierteln, in Würfel schneiden, zu den Zwiebelwürfeln geben, mitdünsten lassen
250 g Langkornreis	waschen, dazugeben, leicht glasig dünsten lassen
375 ml (3/8 l) Tomatensaft (aus der Dose)	
125 ml (1/8 l) Fleischbrühe	hinzugießen, mit
Salz	
Pfeffer	
gerebeltem Oregano	würzen, den Schnellkochtopf schließen, etwa 8 Minuten garen lassen
50 g geriebenen Emmentaler Käse	unter den Reis rühren

Leberreis mit Dattel-Rahmsauce

300 g Kalbsleber	unter fließendem kaltem Wasser abspülen, in feine Streifen schneiden, über Nacht in
2 cl Cognac	einlegen, mit
frischem Majoran	bedecken
1 EL Sonnenblumenöl	in einem großen Topf erhitzen
400 g Reis	in das erhitzte Öl geben
800 ml Wasser	aufgießen,zum Kochen bringen, etwa 20 Minuten garen.
	Für die Sauce
1 Zwiebel	abziehen, fein würfeln, in
20 g Butter	andünsten
200 g entkernte Datteln	hinzugeben, mit
2 cl Cognac	
100 ml Rotwein	ablöschen
250 ml Schlagsahne	hinzufügen, die Datteln weichkochen, die Sauce im Mixer pürieren, mit

1 TL Sherry-Essig	
Nelkenpulver, Salz	abschmecken, die Leberstreifen kurz vor dem Verzehr in
20 g Sonnenblumenöl	braten, mit
20 g Butter	unter den Reis ziehen, die Dattelrahmsauce separat servieren.

Buntes Reisfleisch

500 g Schweinefleisch	unter fließendem kaltem Wasser abspülen, trockentupfen, in Würfel schneiden
500 g Tomaten	kurze Zeit in kochendes Wasser legen (nicht kochen lassen), in kaltem Wasser abschrecken, enthäuten, die Stengelansätze herausschneiden, die Tomaten vierteln
2 große Paprikaschoten (je 150 g, grün und rot)	halbieren, entstielen, entkernen, die weißen Scheidewände entfernen, die Schoten waschen, in Stücke schneiden
250 g Zwiebeln	abziehen, vierteln
60 g durchwachsenen Speck	in kleine Würfel schneiden
20 g Margarine	zerlassen, den Speck darin auslassen, das Fleisch unter Wenden darin bräunen lassen, Zwiebelviertel und Paprikastücke hinzufügen, etwa 10 Minuten mitschmoren lassen, mit
Salz	
gemahlenem Pfeffer	
2 EL Tomatenmark	
einigen Spritzern Tabasco	
Paprika edelsüß	
Cayennepfeffer	würzen
gehackte Basilikumblättchen	
gehackte Liebstöckelblättchen	unterrühren
250 ml (¼ l) Fleischbrühe	hinzugießen, etwa 15 Minuten schmoren lassen Tomatenviertel,
250 g Langkornreis (parboiled)	
500 ml (½ l) Wasser	hinzufügen, etwa 40 Minuten gar kochen lassen, das Gericht evtl. nochmals abschmecken.

Landfrauen-Auflauf mit Frühlings-Quark

(Foto)

200g gelbe und grüne Bandnudeln	in
1 ½ l kochendes Salzwasser	geben, zum Kochen bringen, ab und zu umrühren, etwa 8 Minuten kochen lassen, mit kaltem Wasser übergießen, abtropfen lassen
500 g Fleischtomaten	kurze Zeit in kochendes Wasser legen (nicht kochen lassen), in kaltem Wasser abschrecken, enthäuten, die Stengelansätze herausschneiden, die Tomaten in Scheiben schneiden
250 g gekochten Schinken	in Würfel schneiden
3 Eier	mit
200 ml Schlagsahne	verschlagen, mit
Salz	
frisch gemahlenem Pfeffer	würzen
1 Bund Schnittlauch	
½ Bund glatte Petersilie	die Kräuter abspülen, trockentupfen, fein schneiden bzw. hacken, eine flache feuerfeste Form ausfetten, eine Schicht Tomatenscheiben heineingeben, mit Salz, Pfeffer, Schnittlauch und Petersilie bestreuen, die Hälfte der Schinkenwürfel darüber geben, die Nudeln, die restlichen Tomatenscheiben mit den Schinkenwürfeln einschichten, die Kräuter darüber streuen, die Eier-Sahne-Masse darüber verteilen, die Form auf dem Rost in den Backofen schieben.
Ober-/Unterhitze:	etwa 200 °C (vorgeheizt)
Heißluft:	etwa 180 °C (nicht vorgeheizt)
Gas:	etwa Stufe 3 (vorgeheizt)
Backzeit:	etwa 40 Minuten.
2 Packungen (je 200 g) Frühlings Quark	verrühren, etwa 10 Minuten vor Beendigung der Backzeit über den Auflauf geben.

Spaghetti in Schinkenrahm
(Foto)

400 g Spaghetti	in
3 l kochendes Salzwasser	geben, zum Kochen bringen, etwa 8 Minuten kochen lassen (Spaghetti müssen noch kernig sein), auf ein Sieb geben, mit kaltem Wasser übergießen
100 g durchwachsenen Speck	in kleine Würfel schneiden
1 EL Butter	erhitzen, die Speckwürfel darin anbraten
200 - 250 g gekochten Schinken	in kleine Würfel schneiden, hinzufügen, kurz durchbraten lassen
2 Becher (je 150 g) Crème fraîche	mit
3-4 EL Milch	verrühren, zu den Speck-Schinken-Würfeln geben, gut verrühren, erhitzen, mit
Salz **Pfeffer** **geriebener Muskatnuß**	würzen, die Spaghetti hinzufügen, vermengen, erhitzen, mit
1 EL gehackten Basilikumblättchen	verrühren, mit
geriebenem Parmesan-Käse	bestreuen.

Spaghetti mit Hackfleisch-Tomaten-Sauce

	Für die Sauce
2 große Zwiebeln	abziehen, fein würfeln, in
40 g zerlassener Butter	glasig dünsten
250 g Hackfleisch (halb Rind-, halb Schweinefleisch)	dazugeben, mit einer Gabel zerdrücken, mit
Salz **Pfeffer aus der Mühle** **½ TL gerebeltem Oregano,** **1 TL Paprika, edelsüß**	würzen, unter Rühren anbraten
400 g enthäutete Tomaten (aus der Dose)	etwas zerkleinern, mit dem Saft zu dem Fleisch geben, etwa 10 Minuten schmoren lassen
300 g Spaghetti	in
3 l kochendes Salzwasser	geben
1 EL Speiseöl	hinzufügen, die Nudeln nach Packungsaufschrift garen, zwischendurch probieren, wenn die Nudeln gar sind, den Garvorgang mit einem Schuß kaltem Wasser beenden, die Nudeln auf ein Sieb geben, abtropfen lassen, die Nudeln in
30 g zerlassener Butter	schwenken, mit
150 g geriebenen Holland-Gouda, alt	bestreuen, die Sauce zu den Spaghetti reichen.
Beigabe:	Grüner Salat.

Kräuterspaghetti

400 g Spaghetti	in
4 l kochendes Salzwasser	geben
2 EL Speiseöl	hinzufügen, zum Kochen bringen, ab und zu umrühren, in etwa 10 Minuten garkochen lassen, die Spaghetti auf ein Sieb geben, mit kaltem Wasser übergießen, abtropfen lassen
2 Bund glatte Petersilie **2 Bund Dill** **2 Bund Basilikum** **1 Bund Schnittlauch**	die Kräuter abspülen, vorsichtig trockentupfen,

	grob zerkleinern, mit
250 ml (¼ l) Schlagsahne	
4 Eiern	
30 g Butter oder Margarine	
1 abgezogenen Knoblauchzehe	im Mixer oder mit dem Schneidstab des Handrührers pürieren, mit
Salz	
Pfeffer	
geriebener Muskatnuß	abschmecken, zusammen mit den abgetropften Spaghetti unter Rühren erwärmen, bis die Sauce cremig geworden ist (nicht kochen lassen)
250 g Katenschinken	in Streifen schneiden, über die Spaghetti streuen, sofort servieren.
Beilage:	Gemischter Salat mit Sauce vinaigrette.
Tip:	Die Eier gerinnen schnell in der Sauce, wenn sie zu stark erhitzt werden, deshalb unbedingt auf milde Hitzezufuhr achten.
Veränderung:	Statt der Kräuter 150 g Blattspinat verwenden, der vor dem Pürieren blanchiert wurde.

Gebratene Nudeln

300 g schmale Bandnudeln	in
kochendes Salzwasser	geben die Nudeln nach Packungsanleitung gar kochen lassen, abgießen, zum Abtropfen auf ein Sieb geben, kurz mit kaltem Wasser übergießen, damit sie nicht kleben
250 g Möhren	putzen, waschen, schälen, in feine Streifen schneiden
125 ml (⅛ l) Gemüsebrühe	erhitzen, die Möhren hineingeben, nach 3 Minuten
100 g TK-Erbsen	hinzufügen, noch 2 Minuten weiterkochen lassen, das Gemüse durch ein Sieb abgießen, den Kochsud auffangen
250 g Lauch (Porree)	putzen, halbieren, waschen, in dünne Streifen schneiden
2 Zwiebeln	abziehen, vierteln, in feine Scheiben schneiden

200 g Shii-Take-Pilze	putzen, mit Küchenpapier abreiben, evtl. abspülen, in Stücke schneiden
5 EL Speiseöl	in einer großen Pfanne erhitzen, Zwiebelscheiben, Lauchstreifen, Shii-Take-Pilze darin unter Rühren etwa 5 Minuten andünsten, Nudeln hinzufügen, unter Rühren durchbraten
2 Knoblauchzehen	abziehen, zerdrücken, mit den Erbsen und den Möhrenstreifen hinzufügen,
Möhrensud,	
2 EL Sojasauce	dazugießen, mit
Salz	
frisch gemahlenem Pfeffer	abschmecken.

Gebratene Nudeln mit Gemüse

175 g chinesische Eiernudeln	in
kochendes Salzwasser	geben, zum Kochen bringen, nach Packungsanleitung garkochen lassen, auf ein Sieb geben, mit kaltem Wasser übergießen, abtropfen lassen
2 EL Speiseöl	unter die Nudeln mengen
200 g mageres Schweineschnitzel	
200 g Hähnchenbrustfilet	beide Zutaten unter fließendem kaltem Wasser abspülen, trockentupfen, das Schnitzel in Streifen, das Filet in Würfel schneiden
2 EL Speiseöl	erhitzen, das Fleisch darin anbraten, etwa 5 Minuten darin braten, beiseite stellen
200 g Möhren	putzen, schälen, waschen, schräg in dünne Scheiben schneiden
1 Knoblauchzehe	abziehen, durchpressen, beide Zutaten in
30 g Butter	etwa 5 Minuten zugedeckt dünsten
175 g Chinakohl	in Streifen schneiden, waschen
150 g Porree	putzen, das dunkle Grün bis auf etwa 10 cm entfernen, schräg in dünne Scheiben schneiden, gründlich waschen
125 g gekochten Schinken	in dünne Streifen schneiden, zusammen mit Chinakohl und Porree,
150 g TK-Erbsen	zu den Möhren geben, etwa 2 Minuten mitdünsten lassen
2 TL Weizenmehl	mit
250 ml (¼ l) Wasser	verrühren, hinzugießen, unter Rühren etwa 5 Minuten

	kochen lassen
2–3 TL salzige Sojasauce	unterrühren, mit
Salz	
Pfeffer	würzen, das Fleisch hinzufügen, miterhitzen, warmstellen, je 2 von
8 EL Speiseöl	in einer Pfanne erhitzen, die Nudeln in vier Portionen zu flachen, knusprigen Fladen braten, das Gemüse mit der Soße auf den vier Nudelfladen anrichten.

Käsespätzle

400 g Weizenmehl	in eine Schüssel sieben, in die Mitte eine Vertiefung eindrücken
4 Eier	mit
1 gestr. TL Salz	
12 EL Wasser	verschlagen, etwas davon in die Vertiefung geben, von der Mitte aus mit Mehl verrühren, nach und nach die übrige Flüssigkeit hinzugießen, darauf achten, daß keine Klumpen entstehen, den Teig so lange mit einem Rührlöffel schlagen, bis er Blasen wirft
150 g geriebenen Käse	unterrühren, den Teig entweder durch einen Spatzenseiher oder durch ein groblöchriges Sieb (Gemüsedämpfer) portionsweise in
kochendes Salzwasser	geben, zum Kochen bringen, gar kochen lassen (die Spätzle sind gar, wenn sie an der Wasseroberfläche schwimmen), sie dann nochmal aufkochen lassen, die garen Spätzle auf ein Sieb geben, mit kaltem Wasser übergießen, abtropfen lassen
50 g Butter	bräunen, die Spätzle darin schwenken.

Tip: Käsespätzle zu kurzgebratenem Fleisch oder Gulasch reichen.

Gefüllte Tomaten
(Foto S. 112/113)

4 große Tomaten	waschen, abtrocknen, einen Deckel abschneiden, die Tomaten aushöhlen, innen mit
Salz	
frisch gemahlenem Pfeffer	ausstreuen
100 g feine Fleischwurst	enthäuten, in kleine Würfel schneiden
5 Walnußkerne	grob hacken
1 kleinen Apfel	schälen, halbieren, entkernen, grob raspeln
2–3 EL Kapern	die vier Zutaten mit
1 Packung (200 g)	
Meerrettich Quark	verrühren, in die Tomaten füllen, die Tomatendeckel aufsetzen, die gefüllten Tomaten auf
gewaschenen Salatblättern	anrichten.
Beilage:	Roggenbrot, Butter
Tip:	Statt 4 großen 16 kleine Strauchtomaten verwenden und als kleinen Snack zwischendurch servieren.

Quark-Trifle

500 g Magerquark	
125 g Crème double	mit
40 g Zucker	verrühren, in zwei Portionen teilen, eine Hälfte mit
100 ml Zitronensaft	vermischen, die andere mit
100 ml Blutorangensaft	
(frisch gepreßt oder fertig)	verrühren, eine hohe Glasschüssel (etwa 1 l Inhalt) mit einem Viertel von
150 g Löffelbiskuit	auslegen, mit 2 Eßlöffeln von
8 EL Maracujasaft	beträufeln, die Hälfte Blutorangencreme aufstreichen, wieder mit ein Viertel Biskuit belegen, mit Saft beträufeln, die Zitronencreme darauf verteilen, wieder Biskuit, Orangencreme, Biskuit und schließlich Zitronencreme einschichten, dabei die Biskuits mit je 2 Eßlöffel Saft beträufeln, Speise mit Frischhaltefolie abdecken, 3 Stunden gut kühlen.
	Zur Dekoration
125 ml (⅛ l) Schlagsahne	mit
1 EL Zucker	steif schlagen, in großen Tupfern rundherum auf die Creme setzen, mit einem Kratzer von
1 unbehandelten Orange	die Schale in dünnen Fäden abkratzen, auf die Tuffs streuen.

Tip: Statt der Schale kandierte Orangenscheiben vierteln und auf die Tuffs setzen. Wenn der Blutorangensaft nicht ausreichend intensiv ist, die Creme mit Rote Bete Saft tönen.

Bananenquark mit Johannisbeeren und Vollkornkeksen

(1 Portion)

75 g Magerquark	mit
2 EL Milch	cremig rühren
1 mittelgroße Banane (100 g)	schälen, 2 Scheiben zum Garnieren beiseite legen, den Rest mit einer Gabel zerdrücken, unter den Quark rühren, mit
1 TL geriebener Schale von 1 Zitrone (unbehandelt)	
Vanillepulver	abschmecken
je 50 g rote, schwarze und weiße Johannisbeeren	waschen, gut abtropfen lassen, entstielen, die Johannisbeeren mischen, in eine Glasschale füllen, die Quarkcreme darüber verteilen, zwei Vollkornkekse an den Rand stecken, den Bananenquark mit 2 Bananenscheiben garnieren.

Brotauflauf
(Foto)

3 Brötchen	in Würfel schneiden
4-6 EL Kräuterbutter	zerlassen, die Brötchenwürfel darin goldbraun braten
250 g kleine Champignons	putzen, waschen, abtropfen lassen, größere Pilze evtl. halbieren
etwa 80 g Salami	
etwa 125 g Schinken	beide Zutaten in Würfel schneiden
2 Zwiebeln	abziehen, fein würfeln
1–2 EL Speiseöl	erhitzen, die Zwiebelwürfel darin glasig dünsten lassen, Salami-, Schinkenwürfel und Champignons hinzufügen, mitdünsten lassen, mit
Salz	
frisch gemahlenem Pfeffer	würzen, mit den Brötchenwürfeln (einige zurücklassen)
3–4 EL gehackten Kräutern (Petersilie, Thymian, Majoran)	verrühren, in eine gefettete feuerfeste Form geben
3 Eier	verschlagen, mit einem Schneebesen unter
1 Packung (200 g) Frühlingsquark	heben, über die eingefüllte Masse geben, die zurückgelassenen Brötchenwürfel darüber streuen, die Form auf dem Rost in den vorgeheizten Backofen schieben.
Ober-/Unterhitze:	200–220 °C
Heißluft:	180–200 °C
Gas:	Stufe 4–5
Backzeit:	etwa 30 Minuten.
Beilage:	Gemischter Salat.

Topfenknödel mit Kirschmus

	Für das Kirschmus
300 g Sauerkirschen	waschen, entstielen, mit
8 EL Wasser	zum Kochen bringen, 8 Minuten kochen lassen, dann durch ein grobmaschiges Sieb passieren, so daß die Kerne zurückbleiben, mit
2 EL Birnensaft	abschmecken, kalt stellen.
	Für die Topfenknödel
500 g Magerquark	mit
3 Eiern	
1 EL weicher Butter	cremig rühren,
120 g Weizenvollkornmehl	
100 g Grieß	unterziehen, den Teig kurz quellen lassen in einem großen Topf
Salzwasser	zum Kochen bringen, mit einem Eßlöffel Nockerln vom Teig abstechen, in das kochende Wasser gleiten lassen, dabei nach jedem Abstechen den Löffel in kaltes Wasser tauchen, Hitze reduzieren, Klöße etwa 8 Minuten ziehen lassen, bis sie an der Oberfläche schwimmen, mit einem Schaumlöffel herausheben, abtropfen lassen
100 g Vollkorn-Semmelbrösel	in
50 g Butter	rösten, mit
30 g Vollrohrzucker	
½ TL Zimtpulver	vermischen, Klöße darin wenden, mit Kirschsauce servieren.

Quark-Auflauf mit Knoblauchwurst
(6–8 Portionen)

750 g kleine, festkochende Kartoffeln	waschen, in
Salzwasser	geben, zum Kochen bringen, etwa 15 Minuten kochen lassen, auf ein Sieb geben, abschrecken, die Kartoffeln pellen, von
200 g durchwachsenem Speck	4 Scheiben zurücklegen, den restlichen Speck würfeln, knusprig ausbraten lassen, den Speck herausnehmen, beiseite stellen
375 g Zwiebeln	abziehen, in dünne Streifen schneiden, im Speckfett goldbraun anbraten lassen, in 8–10 Minuten gardünsten lassen
250 g Knoblauchwurst (z.B. Cabanossi)	in Scheiben schneiden
500 g Speisequark (Magerstufe)	mit
1 ½ Bechern (225 g) Crème fraîche	
6 Eiern	verrühren
2 Bund Schnittlauch	unter fließendem kaltem Wasser abspülen, trockentupfen, in Röllchen schneiden, mit
2 TL Kümmel	unter den Quark mischen, mit
Salz	
Pfeffer	würzen, Speck, Kartoffeln, Zwiebeln, Wurstscheiben zur Hälfte in eine gefettete, feuerfeste Form (Inhalt 3 l) schichten, die Hälfte der Quarkmasse darübergeben, glattstreichen, die restlichen Zutaten einschichten, die letzte Schicht soll aus Quark bestehen, die 4 zurückgelassenen Speckscheiben auf den Auflauf legen, die Form auf dem Rost in den Backofen schieben.

Ober-/Unterhitze:	etwa 200 °C (vorgeheizt)
Heißluft:	etwa 180 °C (nicht vorgeheizt)
Gas:	etwa Stufe 3 (vorgeheizt)
Backzeit:	etwa 50 Minuten.

Den Auflauf weitere 10 Minuten in dem ausgeschalteten Backofen ruhen lassen.

Kräuter-Plinsen
(Foto)

1 Packung (200 g) Speisequark (40 %)	auf ein Sieb geben, über Nacht gut abtropfen lassen
4 EL Weizenmehl	mit
2 Eigelb	gut verrühren, den abgetropften Quark unterrühren, mit
Salz	
Pfeffer	würzen
2 EL gemischte, gehackte Kräuter	unterrühren
2 Eiweiß	steif schlagen, unterheben
Speiseöl	in einer Pfanne erhitzen, etwa 1 Eßlöffel Quark-Teig hineingeben, etwas flachdrücken, von beiden Seiten goldgelb backen, bevor der Kräuter-Plinsen gewendet wird, etwas Speiseöl in die Pfanne geben, die übrigen Kräuter-Plinsen auf die gleiche Weise zubereiten.
Beilage:	Crème fraiche, nach Belieben Kaviar, grüner Salat

Kräuterquark

250 g Kräuterquark	mit
2 EL Milch	
3 schwach gehäuften EL Crème fraîche	verrühren, mit
Salz	abschmecken
2 EL feingeschnittenen Schnittlauch oder 2 EL gemischte Kräuter	unterrühren.
Tip:	Kräuterquark als Dip auf Kräckern oder zu Pellkartoffeln reichen.

GEWÜRZ

Radieschenquark

500 g Magerquark	mit
1 Becher (150 g) Crème fraîche	verrühren, mit
Salz	
frisch gemahlenem Pfeffer	würzen
3 Bund Radieschen	putzen, waschen, in Scheiben schneiden, mit
1 EL gehacktem Dill	
1 EL gehackten Basilikumblättchen	
1–2 TL eingelegtem grünem Pfeffer	unter die Quarkcreme rühren, mit Salz und Pfeffer abschmecken, mit
Radieschenscheiben	garnieren.
Beilage:	Pellkartoffeln oder Vollkornbrot mit Butter.

Quark-Remoulade

	Für die Mayonnaise
1 Eigelb	mit
1 TL Dijon-Senf	
1 TL Essig	
Salz	
frisch gemahlenem Pfeffer	
Zucker	
Worcestersoße	gut verrühren
125 ml (⅛ l) Speiseöl	nach und nach darunter schlagen
1 Zwiebel	abziehen, fein reiben
1 Gewürzgurke	in feine Würfel schneiden, beide Zutaten mit
1 Packung (200 g) Frühlings Quark	
1–2 EL Kapern	unter die Mayonnaise rühren, mit
Essig	abschmecken.
Tip:	Zu Pellkartoffeln, gebackenen Folienkartoffeln, rohem Gemüse, hartgekochten Eiern, Roastbeef oder gekochtem Rindfleisch reichen.

Gefüllte Ananashälften mit Baiserhaube

2 Ananas (je etwa 800 g)	mit der Blattkrone längs halbieren, das Fruchtfleisch aus der Schale lösen, fein schneiden
300 g Rahmfrischkäse (55 %)	mit einer Gabel zerdrücken, die Fruchtwürfel daruntermengen, mit
1 EL Zucker	
2 EL Rum	abschmecken, die Masse in die Fruchthälften füllen
4 Eiweiß	steifschlagen
2 EL gesiebten Puderzucker	unterrühren, in einen Spritzbeutel füllen, auf die Ananashälften spritzen, die Ananas unter den vorgeheizten Grill in den Backofen schieben, die Baisermasse goldbraun werden lassen, die Baisermasse nach Belieben mit
Kirschen	garnieren.

Buchweizenfrittata mit Keimlingen

4 Eier	mit
200 g Speisequark (20 % Fett)	
Meersalz	
frisch gemahlenemPfeffer	verrühren
2 EL Buchweizenmehl	zugeben
1 EL Sonnenblumenöl	in einer großen Pfanne zerlassen, den Teig hineingeben, mit
½ Tasse (125 ml) Kürbiskernkeimlingen	
½ Tasse (125 ml) Sonnenblumenkernkeimlingen	bestreuen, bei mittlerer Hitze etwa 8 Minuten backen, bis das Omelett gestockt ist, mit
2 EL geriebenem Käse	bestreuen, schmelzen lassen, auf eine Platte gleiten lassen, warm oder kalt wie eine Torte in Stücke schneiden.

Curryquark

1 weiche Banane	abziehen, mit einer Gabel zerdrücken, mit
Saft von ½ Zitrone	
200 g Sahnequark	
3 EL Milch oder Schlagsahne	
1 EL Currypulver	
2 EL Mangochutney	verrühren, mit
Salz	
frisch gemahlenem Pfeffer	würzen
50 g gesalzene Cashewnüsse	grob hacken, über den Dip streuen.
Tip:	Zu kaltem, gekochtem oder geräuchertem Geflügelfleisch, hartgekochten Eiern, Chicorée, gebratenem Kasseler, Fleischfondue oder gegrilltem Fleisch reichen.

Register

Register

Register

Register